戦争はウソから始まる

西谷 文和
[イラクの子どもを救う会
戦場ジャーナリスト]

南スーダン日報問題、米朝会談、ルワンダ、
ソマリアから戦争のリアルを告発

日本機関紙出版センター

はじめに

ウソつき内閣――。巷ではついにこのような声が上がり始めた。「私や私の妻が関係していれば総理大臣も国会議員も辞める」。安倍首相のこの答弁の結果、ウソをウソで塗り固めるために公文書が改ざんされ、責任をすべて部下に押し付けたため、退職させられた人（佐川宣寿前理財局長）や記憶が曖昧になった人（柳瀬唯夫前秘書官）などが続出してしまった。

「1つのウソをつき通すためには別の20のウソを考えなければならない」。ガリバー旅行記で有名なイギリスの作家スウィフトが言う通り、この内閣は「かなりオシャレな閣議決定」を連発せざるをえなくなった。

「首相夫人は公人ではなく私人である」

「現行法令においてセクハラ罪という罪はない」

「（日報の）戦闘という言葉は自衛隊法で定義する『戦闘行為』の意味ではない」

これは漫才のネタでも作り話でもない。選挙で選ばれ、高い給与をもらっている閣僚たちが閣議で真面目に決定したものだ。

そんな安倍内閣が道徳を教科化するという。2018年から開始して20年には小学校で完全実施するというのだ。

「ウソをついてはダメですよ」（加計さんと14回もゴルフをしたが、獣医学部の話はしていない）

「間違った時は素直に謝りましょう」（全部佐川がやったこと。私（麻生）は関係ない。だから大

臣を辞めない)

「ルールはきちんと守りましょう」(憲法53条に基づいて野党が臨時国会の開会を要求したが、首相は開会しなかった)

そんな彼らが上から目線で「道徳」を語る。もうこれは完全にブラックジョーク。西日本豪雨でも彼らは「その実力」を遺憾なく発揮した。大雨特別警報が出て、たくさんの人命が奪われている重大な時に「赤坂自民亭」なる宴会を開き、翌朝麻原彰晃こと松本智津夫死刑囚ら7名の死刑を執行した上川陽子法務大臣の「バンザイの音頭」で宴会を締めくくったという。ウソつき内閣は恥知らず内閣でもあった。

モリカケ疑惑に日報隠蔽、そして「赤坂自民亭」。どれも国民を愚弄するものだが、私は自衛隊による日報隠蔽が一番罪深いと思う。なぜなら南スーダンでの現実は、派兵されていた自衛隊員が大量に戦死する可能性があった事例で、それを政府は「戦闘ではなく衝突」「ジュバは安全」とウソでごまかしていたのだった。そんな「人命に関わるウソ」を隠すために、あるはずの文書をなかったことにしようとした問題だからである。本書ではとりわけ第1章の南スーダン編をお読みいただきたい。自衛隊宿営地周辺で勃発した戦闘。この事実を広くお伝えしたい。これが本書の出版動機である。

第1章
日報隠蔽の深い闇〈南スーダン〉

1. 隠蔽の闇は深い

黒塗りの中に「着弾」「負傷」の文字

2011年7月に独立した南スーダン

密林の中を白ナイル川が流れている（写真1）。やがて緑の大地が住宅地に変わっていく。ナイロビのジョモ・ケニヤッタ空港を飛び立って約2時間、ケニア航空350便は高度を下げながら大きく旋回する。ガラガラの機内、乗客は国連職員と私だけ。粗末なテントの群れが見える。避難民キャンプのようだ。やがて飛行機はガクガクと機体を揺すりながら首都ジュバの国際空港に着陸した。滑走路から外の景色に目を凝らす。「あっ、あれがトルコビルかも?」（写真2）。

2016年7月8日~10日、ジュバで大規模な戦闘が勃発した。戦闘はこの空港のすぐそばで発生していた。そして自

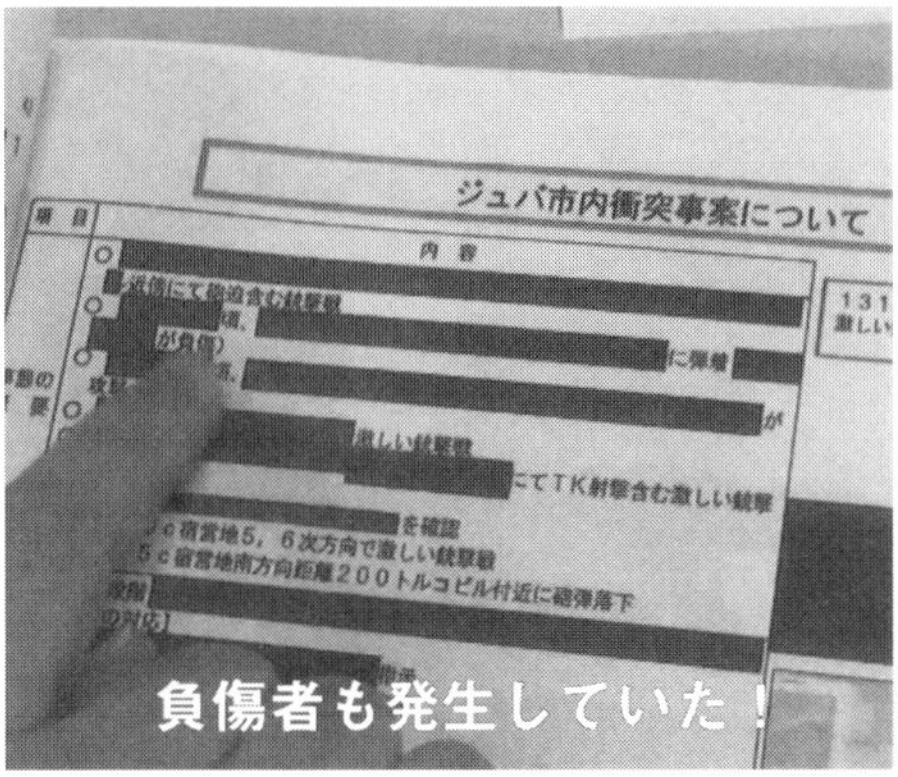

（写真3）負傷者発生と記す日報

（写真1）密林を流れる白ナイル

（写真2）空港からトルコビルを隠し撮り

衛隊の宿営地は空港に隣接している。政府は戦闘の生々しい記録である日報をいったん隠蔽し、後に公開した。なぜ隠そうとしたのか？　その理由は公開された日報を読めばわかる（写真3）。黒塗りが目立つ日報だが、それでも「着弾」「負傷」という文字が見える。なんと自衛隊の基地に砲弾が落ちてきて、負傷者が出ているではないか。

「ジュバ市内衝突事案について」という表題の下に「13時15分、宿営地南方距離２００、トルコビルに砲弾落下」とある。戦闘が勃発した3日間、反政府軍がトルコビルを占拠し、空港には政府軍がいた。そして両者の間で大規模な銃撃戦になっていたのだ。問題のトルコビルは9階建て。ジュバで高いビルは珍しい。数に劣る反政府軍がなぜ3日間の戦闘に耐えることができたのか？　それは「位置的優位」である高いビルを陣取ったからだろう。今回の取材ミッションはこの「トルコビルに潜入すること」なのだ。

ジュバ国際空港は名前こそ立派だが、その実態は滑走路の横に仮設のテントが並んでいるだけ。そこが入国審査と税関だった。空港を出ると通訳のダニエルとドライバーのフレディーが待っている。2人とはあらかじめケニアで連絡を取っていて、空港で待つように依頼していた。南スーダンで単独行動は無謀だ。フレディーの車に乗り込み取材開始。気温40度超の灼熱地獄でクーラーなし。5分も走れば車内は蒸し風呂状態になる。

自衛隊の頭上を砲弾、銃弾が飛び交った

空港を出てエアポートロードを行く。右手に空港と道路を隔てるフェンスが続き、左手に国連や政府関係のビルが並ぶ。この道路も名前負けしていて、実態はデコボコだらけの悪路。衝撃でときおり天井に頭をぶつけそうになりながら、未舗装の道をゆっくりと進む。南スーダンの道路事情は最悪で、首都中心部の幹線道路でさえこの調子。だからこそ自衛隊は南スーダンで道路を作っていたのである。

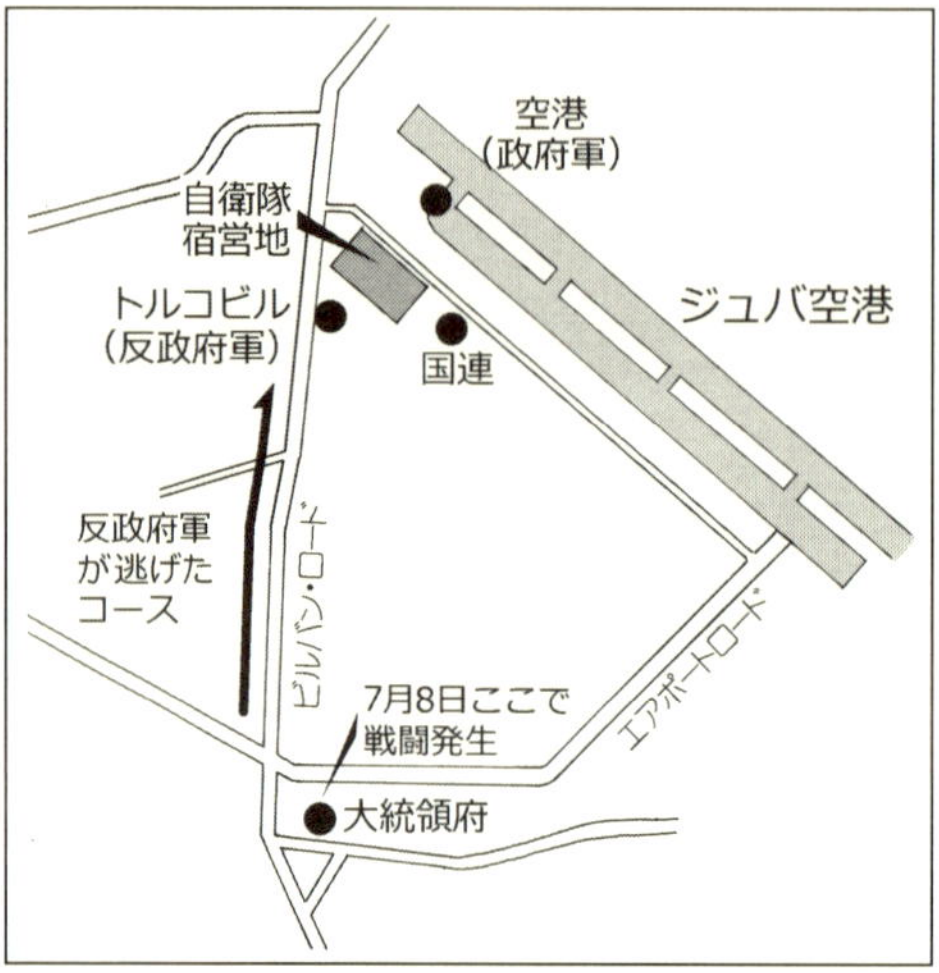

空港と自衛隊宿営地、トルコビルの位置関係

「ニシ、気をつけろ。このあたりは特に兵士と秘密警察官が多い」。ダニエルが私の手持ちカメラを隠すように指示する。軍服を着ている兵士はまだマシだ。すぐにわかるから対応が可能。問題は平服の秘密警察だ。彼らは住民の生活空間、たとえば普通の商店街やバス

乗り場などに潜んでいて、不審な動きをする人物、特に外国からのジャーナリストに目を光らせている。この秘密警察官に見つかればよくて数時間の尋問、悪くすれば刑務所行きだ。実際にアルジャジーラテレビの記者は逮捕されて、まだ獄中にいるという。そこで役に立ったのが小型アクションカメラ。サイクリングやバイクツーリングを楽しむ人がヘルメットにつけて撮影するカメラだ。これを車のフロントガラスに貼り付けて撮影開始。兵士や警官の姿を見かけるたびにヒヤヒヤして、結構心臓に悪い。

エアポートロードを抜けて、ビルパンロードに出る（地図）。この道は珍しくちゃんと舗装されていて快適なドライブだ。ビルパンロードを5分ほど走った時だった。「あれだ、あの高い建物」。ダニエルが指差す方向に9階建ての建設途中のビルがそびえている（写真4）。やはり空港の滑走路から見えていたあの建物がトルコビルだった。赤い鉄門を開けて、ビルの敷地内に入る。政府軍の兵士が2人、コンクリート打ちっ放しの玄関に寝そべっている。ダニエルが兵士と交渉するも、兵士はにべもなく首を振る。「ビルに入るのは絶対にダメだ」。だが私には確信があった。「こいつらは金で落ちる」

内戦後のジュバに入るのはこれで3度目。最初はヒリヒリとした緊張感があって兵士と会話することすら恐ろしかったが、

（写真4）建設途中のトルコビルが見えてきた

（写真5）ビルの中はコンクリートがむき出しだ

（写真6）目の前が自衛隊の宿営地でその向こうが空港

だんだん事情が飲み込めてきた。2度目のジュバで政府高官と面談した時のこと、インタビュー終了後に「封筒はないのか」というジェスチャー。「ワイロ入りの封筒」を差し出せば、もう少し詳しい話をするよ、ということらしい。政府高官ですらこの態度、現場の兵士はもっと金を欲しがっているはずだ。

100ドル紙幣を右手に忍ばせて兵士に近づく。「南スーダンと日本は友人同士じゃないか。まずは握手だ」。密かに100ドルを手渡すと、兵士の態度が急変する。「そうだな、10分、いや5分だけだ。絶対に俺は撮影するな」。予感は的中。南スーダンでは兵士の給料は出ないか、出ても遅配だ。この国は上から下までワイロで動いている。

敷地内の中庭を横切り、ビルの階段を上がっていく。ときおり兵士が振り返り「絶対に俺は撮影するな」とチェックが入る。このビルは戦闘後、建設がストップされたまま。コンクリートむき出しの階段を5階まで上がる（**写真5**）。窓からそっと下界を見下ろす。「ジャパニーズ・コンパウンド（自衛隊の宿営地）」。ダニエルがつぶやく。ビルのすぐ目の前が自衛隊の宿営地だった。そしてその向こうには空港（**写真6**）。2016年7月8日、反政府軍がこのビルに立てこもった。「ビルから宿営地を見下ろす。めっちゃ近いやん、すぐそこやん」。空港には約400名の政府軍がいて、こちらのビルは約200名の反政府軍兵士が立てこもった。つまり宿営地を挟んで激しい戦闘が起きて、隊員たちの頭上を無数の砲弾、銃弾が飛び交っていたことになる。凄まじい恐怖の中、隊員たちは戦闘が収まるのをじっと待つしかなかったのだ（図1）。

なぜ日報を隠したのか

「戦闘ではなく衝突」「ジュバは安全」。安倍晋三首相や稲田朋美防衛大臣（当時）の国会答弁は事実を捻じ曲げた虚偽答弁だった。

なぜ防衛省は日報を隠蔽したのか？　それは公開してしまうと、首相や防衛大臣の国会答弁との整合性が保てなくなるからだ。森友問題で財務省が公文書を改ざんしたように。

「ニシ、もう限界だ。カメラを下げろ！」。すでに自衛隊は撤退しているので、宿営地は無人だ。しかし宿営地に設置された監視カメラが回っている。そして向こう側の空港では政府軍兵士が目を光らせている。「撮影がバレたら俺は10年、お前は5年ぶち込まれるぞ」。ダニエルが私のビデオカメラを奪い取ろうとする。「わかった、わかった。ビルの反対側に回ろう」

反対側はビルパンロードに面している（写真7）。反政府軍兵士たち

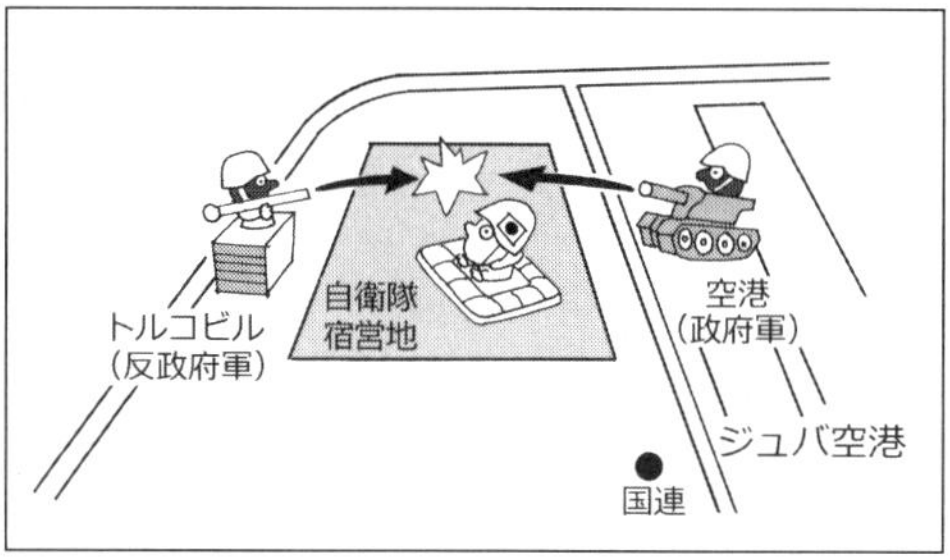

（図1）自衛隊宿営地を挟んで銃撃戦が展開した

（写真7）トルコビルからレポート。急いでたので逆光のまま

（写真8）戦闘後のUNハウス。白壁の下にガレキが

は、この窓からも機関銃を乱射した。南スーダンの戦闘は「民族浄化」の様相を示していて、ディンカ族主体の政府軍がヌエル族を、ヌエル族主体の反政府軍がディンカ族を、女性子ども含めて、皆殺しにしていったのだ。「道路を通行していただけの人々が容赦なく撃たれたんだ。反政府軍兵士たちはその後、国連施設に逃げ込んで逮捕さえされていないんだよ」。ダニエルが憤る。ダニエルはディンカ族である。

同じ日の日報には「UNハウス（国連南スーダン支援団のこと）付近で激しい戦闘」とある。そのUNハウスへ。「あれだ。瓦礫がまだ残っているだろ」（写真8）。運転手フレディーが指差す白いビルがUNハウスで、その隣のビルは壁が塗り替えられている。国連ビルが破壊されていたのだ。機関銃ではビルは壊れない。せいぜいビルの壁に穴が開くだけ。ビルが壊れているということは戦車か戦闘機からの空爆があったということ。日報には「TK射撃含む激しい銃撃」とある（写真9）。TKとはタンク、つまり戦車のことだ。国連のビルは明らかに狙われたのだ。政府軍にとって国連PKO部隊は「邪魔な存在」「攻撃対象」だったのではないか？

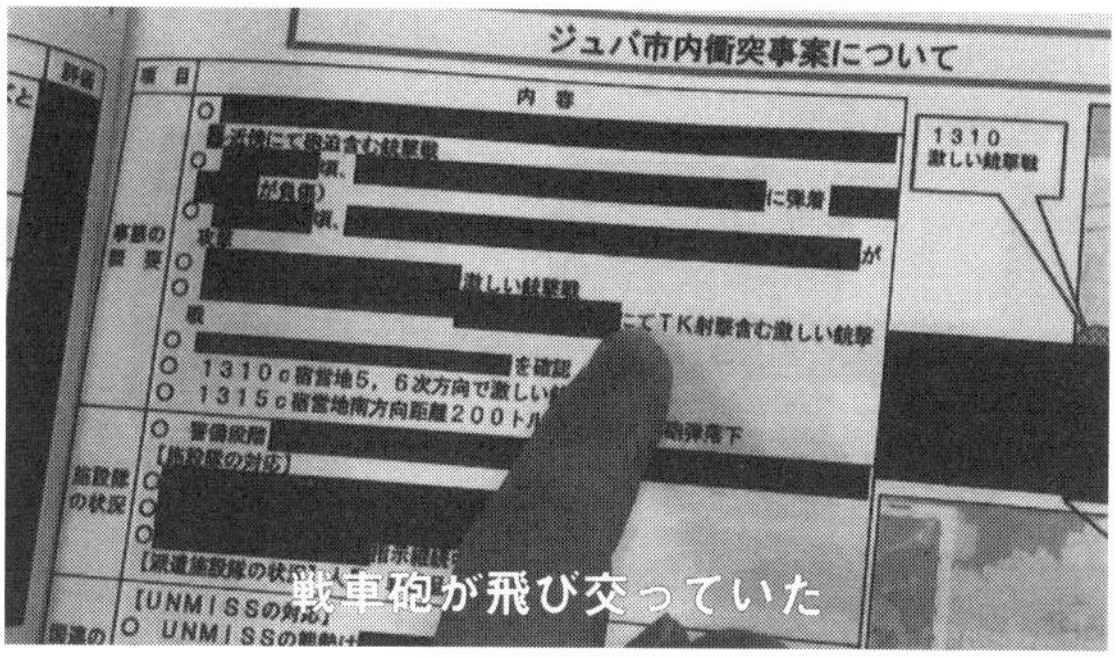

（写真9）激しい遊撃戦と記す日報

血で血を洗う内戦が勃発

ではここで「なぜジュバで戦闘が起きて、自衛隊や国連が巻き込まれてしまったのか」について現地で聞き取った話をまとめておこう。

2016年7月8日、事態はジュバの大統領府で起こった。この日、大統領府でキール大統領とマシャール副大統による巨頭会談が行われていた。マシャール副大統領を護衛する反政府軍は、規則によって大統領府の中に入れず、外で待機していた。この時あるウワサが飛び込んできた。「マシャールが大統領府の中で暗殺されるかもしれない」。慌てた反政府軍は「中に入れろ」と叫び始める。大統領府を護衛する政府軍はそれを許可せず、門の前で立ちはだかる。そして…。

焦った反政府軍兵士が政府軍に発砲、血で血を洗う内戦が勃発してしまった。反政府軍兵士たちは、少数精鋭で戦闘行為に長けていた。彼らは隣国エチオピア、北スーダンなどで訓練を積み、武器の使い方に熟達していた。一方、政府軍は仕事のない青少年を寄せ集めた、あまり訓練を受けていない素人軍団だった。反政府軍兵士たちは空港のそばにいる国連を目指した。国連PKO部隊はどちらの勢力にも肩入れせず、兵士を含めた人命を守る組織であることを彼らは熟知していた。「国連に逃げ込め！」大統領府から舗装されているビルパンロードをぶっ飛ばして空港にやってきた反政府軍が目にしたものは建設中の9階建ビルだった。やがてトルコビルが占拠される。空港には政府軍が集結する。そしてそのビルと空港に挟まれていたのが、自衛隊宿営地だった…（6頁地図参照）。運悪く自衛隊は戦闘の中心に巻き込まれてしまったのだった。

「戦闘ではなく衝突」とウソ

南スーダンから帰還した隊員の多くが鬱やＰＴＳＤに悩まされているという。宿営地にこもる隊員たちの頭上をロケット弾や戦車砲が飛び交った。凄まじい恐怖と絶望の中で過ごした3日間。日本に帰国してからも隊員たちは悪夢にうなされていたのではないか。18年3月16日、政府は南スーダンからの帰還者のうち「2名が自殺、1名が傷病死」と発表した（**図2**）。傷病死した隊員は、あの日に「負傷」した隊員ではないだろうか？

戦闘が勃発して3カ月後の16年10月8日、稲田朋美防衛大臣（当時）は、わずか7時間の視察で「ジュバは安全」と断言してしまう。そして安倍政権は日報を隠蔽したまま、「戦闘ではなく衝突」とウソをついて自衛隊に新任務を付与する。「駆けつけ警護」と「宿営地の共同防護」だ。この後すぐ、10月24日に「駆けつけ警護」に伴う公開訓練が行われる（**写真10**）。「暴徒がいる建物から国連職員を救出する」という想定で、銃を構えた自衛隊員が文字通り「駆けつけて」

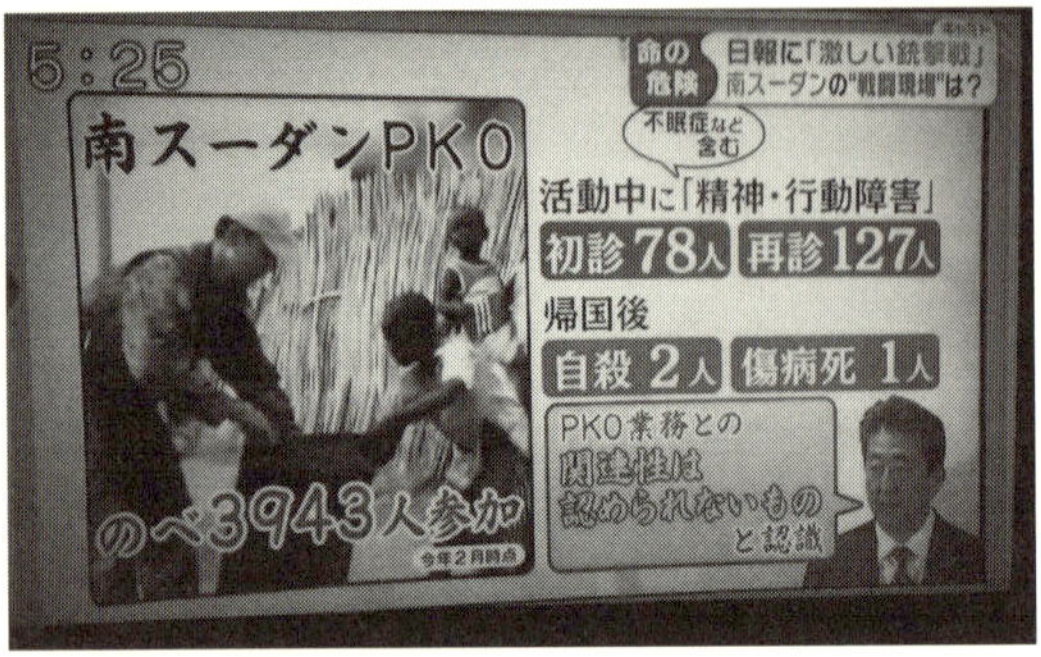

（図2）自殺者、傷病死者が出ているのだ。（ABC放送「キャスト」より）

救出する様子がテレビに映し出されていた。

実際の現場は戦車砲が飛び交い、政府軍は戦闘機とヘリを持ち、空爆まで行っていたのだ。徹底的に破壊されたマシャール副大統領の基地を見てほしい(写真11)。この基地はジュバの郊外にあるが、政府軍の空爆で見事なまでに破壊されていた。訓練の映像を見る限り、自衛隊員は銃しか持っていない。もし、戦闘の現場に自衛隊員が「駆けつけ」たとすれば、それはまさに「殺されに行くようなもの」だ。

(写真10) 自衛隊の駆けつけ警護の公開訓練

(写真11) マシャール軍の基地

10月12日、国会でこの問題を問われた安倍首相は「(ジュバは)永田町よりは危険」と答弁した。安倍首相は自衛隊の最高指揮官ではないか。こんなふざけた答弁が許されていいのか。首相は部下である自衛官の命をなんだと思っているのだろうか。

自衛隊の作った道路へ

戦闘が勃発するまで自衛隊は主に道路を造成していた。その現場へ行ってみよう。首都ジュバの中心、つまり自衛隊

（写真12）インタビューに答えるピオさん（左）

宿営地のあるトンピン地区から南東へ7～8キロ、やはり未舗装のデコボコ道を走るとロロゴという地区に入る。通訳のダニエルはロロゴの住民で、危険地帯とそうでない地帯を熟知している。前述したように政府軍は最大民族であるディンカ族が主体で、反政府軍は2番目に多いヌエル族で構成されている。戦闘は民族浄化の様相を呈していて、ジュバでは政府軍、ディンカの圧勝に終わった。つまりディンカの村で下手にカメラを回していると、私の姿に気付いた人々が政府に通報するかもしれない。外国人でビデオカメラを持っている私はかなり目立つ存在なのだ。

「ニシ、ここは大丈夫。アチョリー(Acholi)族の集落だ」。アチョリー族は南スーダン南部とウガンダ北部に住んでいて、ジュバでは少数。16年7月の戦闘の際には、虐殺の対象になった。村人を集めて撮影の許可を取る。とある家の中に案内してもらってからビデオカメラを取り出し、英語を喋るピオさん（22歳）にインタビューした（**写真12**）。

この村でも戦闘があったのか？

「2016年7月の戦闘で、村の女性はレイプされ男性は殺された。俺は南へ、ウガンダ方面に逃げた。しかし逃亡先にも避難民があふれ、生活は悲惨だった。食料がなかったんだ。だからやむなく戻ってきた。しかしいつ戦闘が再発するかわからない。毎晩、銃声が聞こえる。銃声が聞こえたら？　子どもを小わきに抱え、ブッシュに逃げ込むんだ。毎日が恐怖だ」

この村に支援物資は届いているのか？

「UN（国連）と大書されたトラックは通るよ。でもこの村への食糧支援は1回もなかった。俺たちは毎日、国連の車が行き交うのを見ているだけだよ」

日本の自衛隊が道路を作っていたのを知っているか？

「知ってるよ。でも工事は中断したままだ。道路もそうだが、橋の工事も」

えっ、橋の工事って？

「日本はナイル川に架かる橋も造ってくれていたんだ。しかしその工事も途中で放ったらかしだ。だからみんな川を渡ることができない」

工事が再開できないのは？

「戦闘がいつ始まるかわからない。恐ろしくてみんな逃げたんだ」

インタビューを終えて、家の外へ出る。ビデオカメラを隠しながらピオさんと一緒に村の中を歩く。人々は飢えている。支援物資も、仕事もない。「どうやって生活しているの？」との質問に、案内されたのが村の「醸造所」だ。大きな釜にドロドロの液体。もしかしてこれは？「そう、アルコールだよ」。豆をグツグツと炊き込み、発酵させて酒を密造しているのだ。作った酒をペットボトルに入れて市場で売る。1本約5ドル（550円）。

「飲んでみるか？」。ペットボトルからは強烈なアルコール臭。これを飲んだら肝臓がヤバイ、と瞬時に判断した。「いや、俺は酒を飲まないんだ」ウソをついて断る。人々は戦闘がいつ再発するかわからない恐怖の中でも、したたかに生きていたのだった。

未完成のジャパンブリッジ

ピオさんたちに別れを告げ、さらにデコボコ道を行く。「あれだ、あの白い塔が見えるだろ？」。ダニエルの指差す方向に白い塔と、数台のクレーンが見える。あの塔は橋脚のようだ。完成すれば立派な橋になるのだろう。橋のたもとには兵士がいるので、うかつには近寄れない。望遠で撮影。重機が見える。しかし操縦する人はいない。人々が期待した「ジャパン・ブリッジ（日本橋）」は、未完成のまま放置されていた（**写真13**）。

ギリギリまで工事現場に近づく。ダニエルが許可を取ろうと兵士と交渉するが許可は出ない。JICA（国際支援機構）とDNC（大日本建設）の看板が見える（**写真14**）。看板の横に「工事詳細表」が掛かっている。

それによると「1．資金提供者：日本政府　2．依頼者：道路・橋の建設省（南スーダンの国交省）　3．コンサルタント：CTI国際エンジニアリング株式会社　4．建設者：大日本建設株式会社　5．建設期間：2013年6月7日から2018年6月30日」と英語で標記されている。工事終了予定は18年6月なので、戦闘さえなければこの橋は完成していたはずであるが、工事は中断されたまま放置されている。だから住民はナイル川を渡ることができない。

（写真13）未完成のまま放置されたジャパン・ブリッジ

ジュバ市内を蛇行しながら縦断する白ナイル。そこに架かる橋は植民地時代にイギリスが架けたものが1本だけ。「だからこそ、みんな『日本橋』に期待していたんだ」とダニエル。ちなみに上空から撮影した「イギリス橋」と工事途中の「日本橋」の写真を掲載しておく（写真15）。なんとかＪＩＣＡと関連企業が戻ってきて、「日本橋」を完成させてほしいものだ。

（写真14）ＪＩＣＡの看板と工程表

（写真15）手前が日本橋で奥がイギリス橋

未完成の橋からジュバ市内に向かってきれいに整地された道路が伸びている（写真16）。「ジャパンロード（日本の道）だ。さっと撮影しろ」。急かされながら手持ちカメラを回す。ジュバにおける道路の多くは究極のデコボコ道。だからこのように整地された道路は「高速道路感覚」で走れる。ここまで整地するには大変な努力が必要だっただろう。隊員のみなさんの労力がしのばれる。しかし工事はここでも途中で放置され、せっかくの「ジャパンロード」は未舗装のままだ。

「見ろ、周囲の家は空っぽだ。周辺住民はみんな逃げている」。建設途中の家や固く門が閉ざされた邸宅が続く。地元の人々は「日本橋」と「日本道路」に大いに期待を寄せていた。橋と道路の完成を当て込んで、周辺に家を建てようとしていたのだ。だが戦争が全てをご破算にした。

この地域の人々は比較的裕福だったので、隣国ケニアやウガンダに逃げた。ゴーストタウンになった街と未舗装のジャパンロード。整地された道路に穴が開き始めている。そして雨期が来るたびに整地された道路が少しずつ侵食されていく。「未完のジャパンロード」は、このまま放置され元の悪路に戻ってしまうのだろうか？

（写真16）自衛隊が作ったジャパンロード

撤退発表の裏で

「ジュバでの施設整備に一定の区切りがついた。自衛隊を撤退させます」（写真17）。2017年3月10日、安倍首相は突如、南スーダンからの自衛隊撤退を発表した。しかし「一区切り」などついていなかった。日本のみなさんがジュバの様子を知らないことをいいことに、全くのウソを根拠に撤退の理由としたのだ。ではなぜウソをついてまで唐突に撤退させたのか？

実はこの日の夕方、森友学園問題で籠池泰範理事長の記者会見が予定されていた。「森友・加計学園問題で内閣支持率が急降下した。これはヤバイ。なんとかして国民の目をそらせたい」。このタイミングで撤退を発表すれば、これがトップニュースとなって、籠池会見の影響を薄めることができる。安倍総理が「私や私の妻が（森友学園に）関係していたら、総理大臣も国会議員も辞める」と強弁してしまったので、官邸としては籠池氏の記者会見が大きく報道されるのが一番嫌だったのではな

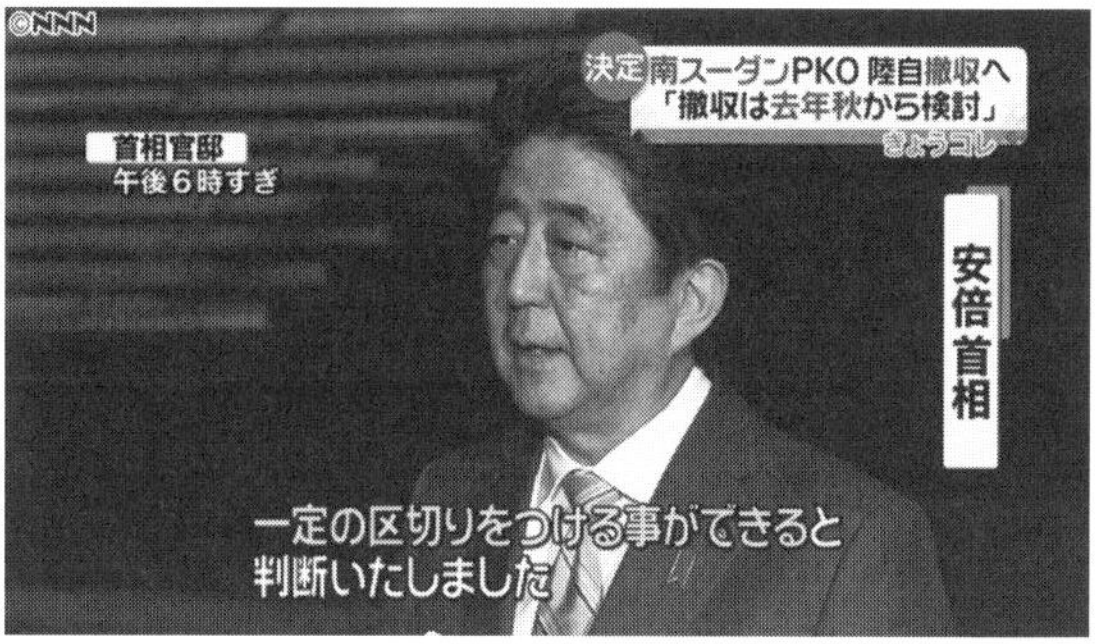

（写真17）自衛隊撤退を発表した安倍首相

かったか？

このまま自衛隊を派兵していても、「道路工事ができず、宿営地にずっとこもらざるをえない」真相が明らかになり、税金の無駄と言われかねない。そして隊員の命を考えれば早期に撤退させないといけない。撤退させるというニュースをこのタイミングで流せば「森友・加計問題」を消すことができるのである。政府にとっては一石二鳥だった。

その後もメディアを騒がせたのは大相撲のスキャンダルや、ＴＯＫＩＯの山口メンバー、日大アメフト部の危険行為、紀州のドンファン…。福島原発事故のその後や原発再稼働に伴う問題、沖縄の基地問題やヘリ墜落、そして森友・加計学園問題などは結果として「薄められて」しまった。安倍政権は歴史上、最も露骨にメディアに圧力をかけて、現場を萎縮させた政権と言われている。忖度したのは、財務省の官僚たちだけではない。各メディアの責任者たちにも猛省を促したい。

内戦の背景に「武器と石油の取引」

では次に、数ある国連ＰＫＯの中で「なぜ南スーダンが選ばれたのか？」「紛争が激化したにもかかわらず、なぜ5年間も継続したのか」について私なりの見解を述べたい。

南スーダンが独立したのは２０１１年7月のことだ。それまでのスーダンはアフリカ最大の国だった。広大な国土の真ん中に砂漠が広がり、砂漠の北側にイスラム教徒のアラブ人が、南側にはキリスト教徒の黒人が住んでいた（図３）。１９５６年スーダンはイギリス・エジプトの支配から独立を果たす。独立後、北のアラブ人が一級市民で南の黒人は二級市民だという黒人への差別弾圧政策がとられた。だから黒人たちはＳＰＬＭ（スーダン人民解放運動）を作って、南北で内戦が続いたのだ。

北のスーダン政府は90年代にオサマ・ビンラディンをかくまっていたほどの反米イスラム国家で、首都ハルツームには「ビンラディンハウス跡地」がある。現在、そんなスーダンに中国が進出している。２００８年に首都ハルツームを取材したことがあるが、私は通行人から「ニーハオ」と挨拶され、建設中のビルもホテルもほとんどすべて中国資本だった。なぜ中国がそこまでするのか？　その答えはスーダンに眠る豊富な石油だ。スーダンだけではない。アフリカにおける中国の資源外交は他を圧倒している。

この観点から内戦を見てみよう。反

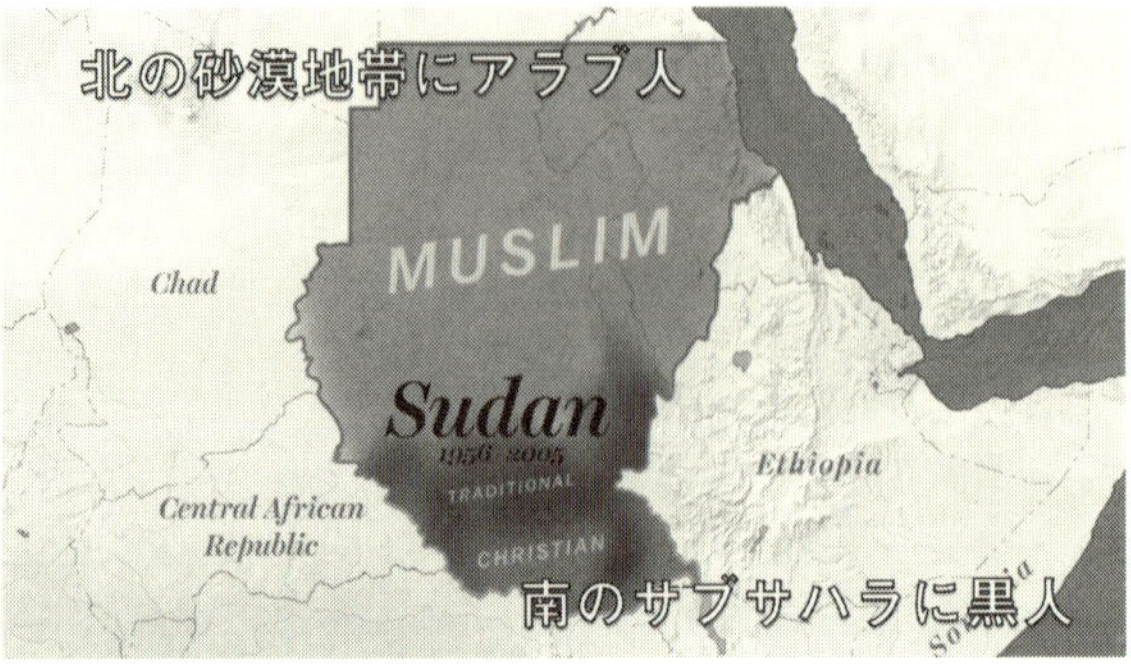

（図3）砂漠の北側にアラブ人、南側に黒人が住んでいる

（図4）アメリカは黒人側をサポートした

米のスーダンが統一していれば、豊富な石油は中国が持っていく（図4）。反政府の黒人側を支援して独立させれば、石油の半分は米国が支配できる。だから米国が武器と資金を援助してきたので黒人側が勝利し、独立を勝ち取ったのだ。

皮肉なことに油田は南北スーダンの国境線沿いに広がっている（図5）。だから独立後も国境の一部が未確定のまま。ここはアビエイという油田地帯なので、いまだに南北で争っているのだ（図6）。

北の政府と戦っている間は、黒人たちは団結していたが（写真18）、独立後その油田権益を巡って大統領派の政府軍と副大統領派の反政府軍が内戦を始める。政府軍は最大民族ディ

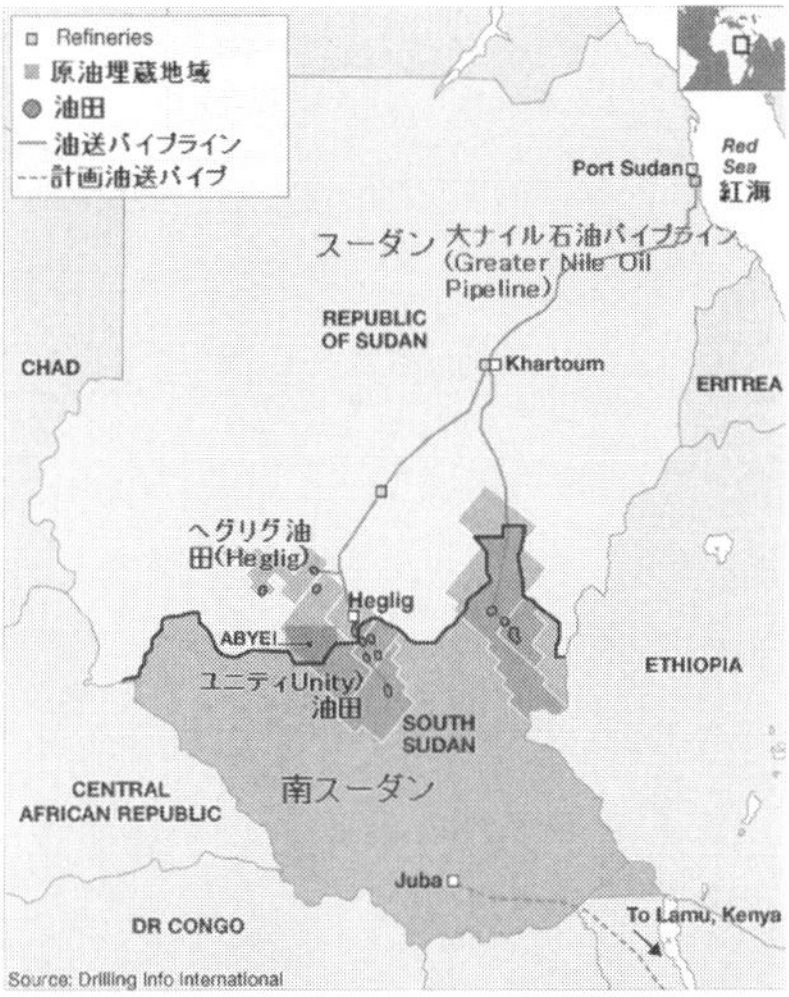

（図5）油田は南北スーダンの国境線沿いに広がる

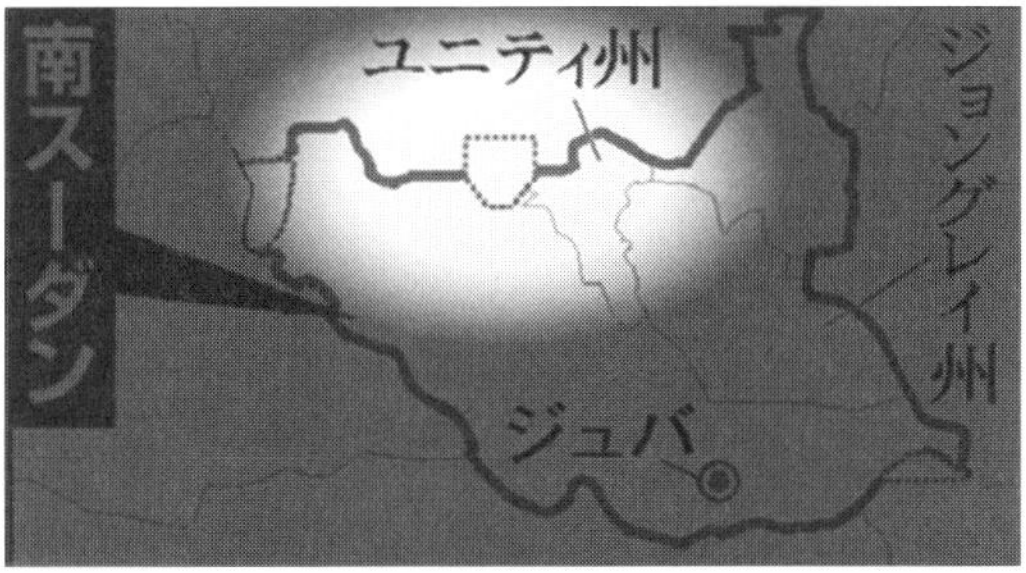

（図6）南スーダンの国境は今も未確定のまま

（写真18）北の政府と戦っている間は団結していたが

ンカ族で占められ、反政府軍はヌエル族が主体だった。そして政府軍にはケニアとウガンダがつき、反政府軍には北スーダンとエチオピアがつく。油田からのパイプラインをどこの国を通して海まで繋げるかで、それぞれの利害が対立する（図7）。そして、政府軍には中国が、反政府軍には米国が後ろ盾となって武器を供給した。ここでもイラク戦争と同じ構図が浮かび上がってくる。それは「武器と石油の取引」である。

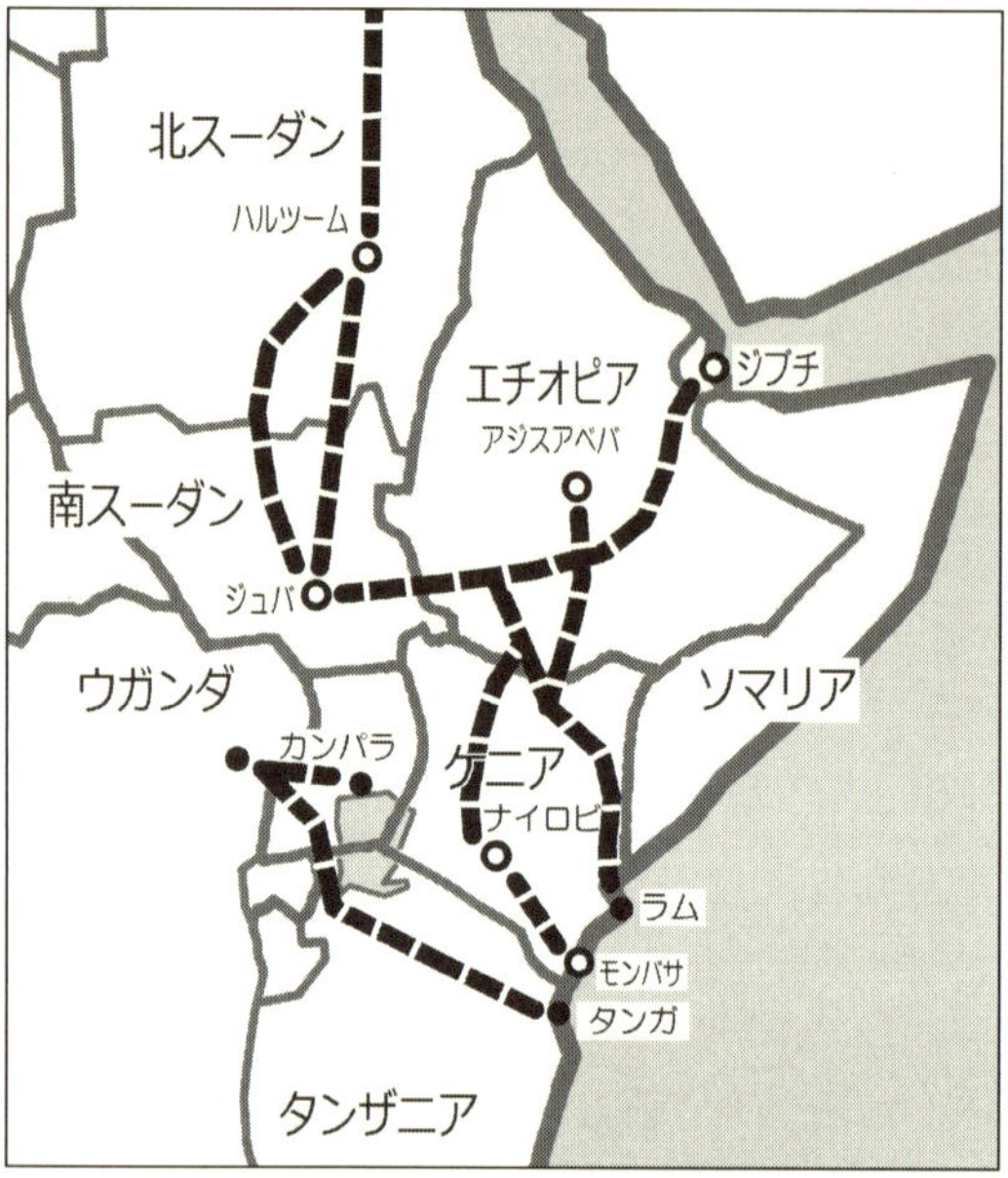

（図7）油田のパイプラインが各国を通る

派兵したのは日本と韓国だけ

その結果、政府軍はヘリや戦闘機、戦車まで備える強大な軍隊になり、国連ＰＫＯ部隊が駐留していても平気で民族浄化ができるまでの力を持ってしまう。そんなところに軍隊を派兵していたのは、先進国では日本と韓国だけだった。逆に言えば米国は派兵していなかった。なぜか？

米国はイラクとアフガンでのべ２００万人もの兵士を派兵した。帰還兵士の４分の１、つまり約50万人がＰＴＳＤや鬱、アルコール中毒やドラッグ中毒になっているという。地上部隊を送り、現地の人々と殺し殺される関係になった結果である。つまり米国はＩＳなどへの空爆は継続するが、(今では無人機で!)犠牲を伴う地上部隊は送り込めない国になっている。しかしそこに石油があり、国を安定させないと商売ができない。米国の要求にノーと言えず、軍隊を差し出す先進国は…。それが日本と韓国だったのだ。

米国の思惑に安倍政権の思惑が合致する。それは集団的自衛権の行使容認と安保法制の強行採決だ。政府は「緊急事態」「存立危機事態」が起こったら自衛隊を出動させる、と述べていたが、実際に自衛隊が出動するのは国連ＰＫＯなのである。「自衛隊を憲法に書き込みたい」「血を流す貢献で、米国に気に入られたい」という安倍首相の意向が強く反映した結果、若手自衛官たちが恐怖と過酷な任務に耐えながら、道路建設に当たっていたのだ。戦闘が起きてもすぐに撤退させなかったのはなぜか？　派兵を5年も継続させたのは「米国と安倍政権の都合」だった。

(写真19) 質問に答えるマナセ復興大臣

「米国一辺倒外交」はいずれ破綻へ

2018年5月、復興省のマナセ大臣にインタビューして最新の状況を尋ねた(写真19)。彼は「中国の貢献に感謝している」と述べた。戦闘後、中国企業がいち早く戻ってきて、ジュバ市内で浄水場を建設し、これにより、ジュバの衛生状況がかなり改善された。そして中国系の石油掘削会社が営業を再開している。このままいけば、南スーダンで道路を作り、ナイル川に橋をかけるのは中国になっていくだろう。そして中国はキール大統領を支援し、政権に深く食い込んでいる。米国はどうなのか？　米国を初め西側の姿はあまり見えない。

ケニア、エチオピア、ルワンダ、アンゴラ…。私は２０１７年～18年にアフリカ諸国を訪問したのだが、どの国も「圧倒的な中国企業の進出」で、経済発展を謳歌していた。世界は大きく変化している。その中で日本はどうあるべきなのか、今までの米国追随一辺倒ではもうダメだ。日本にとって真の国益とは？　それは中国、米国、欧州、中東、アフリカ諸国とじっくり話し合い、平和ビジネスを構築していくことだ。

幸い、まだ「日本技術への信頼」は高いので、現地は日本企業の進出を望んでいる。しかし集団的自衛権を行使して米国の戦争に加担すれば、日本の信頼や平和ブランドは崩壊し、各国はますます中国に依存するだろう。北朝鮮問題でも日本はトランプ大統領を頼り切って、「圧力一辺倒」に終始した。韓国のムン・ジェイン大統領が対話路線に転じて、平和的解決に導いたのとは対照的だった。その結果日本は「蚊帳の外」に置かれている。安倍政権の「米国一辺倒外交」はいずれ破綻する。南スーダンのＰＫＯ派兵問題でも、それと同じ匂いを嗅ぎとってしまう。

日報隠蔽の闇は深い

南スーダンＰＫＯ派兵は5年も続き、約4千人の自衛官が派兵され、1年で約２００億円の税金が使われたと言われている。「撤退したからよかった」「誰も死んでいなかったからよかった」で済まされる話ではない。南スーダンの日報に端を発して、国会で「2004年からのイラク派兵の日報問題」が追及された。政府は南スーダンと同様、最初は「ない」と報告しながら、後から約1万5千ページに及ぶ日報が出てきた。

陸上自衛隊が派兵されたイラク南部のサマワ。その宿営地にも砲弾が23発飛び込んでいる。本当に全員無事だったのだろうか？　実は「サマワ帰りの自衛官、29名が自殺」と発表されているのである。本当に自殺なのか？　本当は自殺ではなく戦闘行為に巻き込まれて死亡してしまったのではないだろうか？

南スーダンとイラク。日報隠蔽の闇は深い。

コラム1　サマワだけは入れなかった

2009年3月、私はイラクの首都バグダッドに入った。その2年前、つまり06年～07年のバグダッドは死の街だった。イスラム教スンニ派とシーア派による血で血を洗う内戦が激化し、多くの人々は家と故郷を捨てざるをえなかった。通訳イサームは「朝起きたら、街角に死体が転がっている。バグダッドの遺体安置所は満杯で、死体が腐り始めて異臭が漂っている」と訴えた。09年、ようやく内戦が鎮まったのでイサームを頼ってバグダッドに入ったのだった。

内戦後のバグダッドの街は、簡単に言えば、チグリス川から東側にシーア派が、西側にスンニ派が住み分けた結果、辛うじて停戦が成立していた。政府関係の建物はもちろん、企業や商店街までもがコンクリートの壁に囲まれた「監獄都市」となって、街のあちこちに検問所が林立していた。自動車による自爆テロを防ぐためであった。

バグダッドに到着後、車を南に走らせた。自衛隊が派兵されていた南部の都市サマワまでは約7時間のドライブだ。最初の激戦地マフムディーヤは04年5月にジャーナリストの橋田信介さん、おいの小川功太郎さんが銃撃された街だ。やはり検問所があって、パスポートとIDカードを見せる。「よし、通れ」。イラク警察の許可を得て街に入り、殺害現場に果物を供えてご冥福を祈る。マフムディーヤから約3時間、激戦地カルバラにも検問所があって、警官にパスポートを見せて無事通過。カルバラ中央病院で戦争被害者の取材をしてから、さらに南へ。午後3時過ぎ、ようやくサマワの入り口に到着する。やはり検問所があって、パスポートを見せる。「お前はダメだ。サマワには入れない」「なぜですか?」「日本人だから」「私が韓国人、中国人なら?」「入れるよ。日本だけダメだ」

日本政府が発行した許可証を持つ人以外、日本人だけがサマワには入れなかった。おそらく政府は私のようなフリージャーナリストに許可証は発行しない。つまり「サマワの真実」を取材しようとしても、イラク警察&日本政府の厚い壁に阻まれて、中に入れないのだった。

サマワ出身のビジネスマン、アリーとバグダッドで出会った。アリーは「自衛隊の通訳をしたイラク人が殺されてしまった」と語る。これはアフガンでもよく起こることだ。米軍の通訳や物品納入業者などは、米軍撤退後に現地の過激派によって殺害される場合が多いのだ。サマワでは「(米軍に協力する)日本も敵になった」と自衛隊の宿営地を目指してデモが起きていた。果たして通訳は殺されたのか？

さらに問題なのは、反米感情の高まりから自衛隊宿営地も攻撃の対象となり、23発もの砲弾が着弾していたのだ。サマワに派遣された隊員も恐怖で眠れない夜を過ごしていたと考えられる。そしてサマワから帰還した隊員にも自殺者が多く、その数は29名に上っているという。やはり鬱やPTSDに悩む人が多かったのではないか？

そしてぬぐいきれない疑問が生じる。「本当に全員が自殺なのか？」。迫撃弾、ロケット弾が23発も飛び込んでいたのだ。負傷者は出ていなかったのか？　もし出たとしたら、どこで治療したのか？　自衛隊員は、専用の病院で治療を受ける、と聞く。もしそうであれば「死因」は操作できるのかも知れない。南スーダンでも傷病死の隊員が出ている。イラク派兵における大量の日報が、まだ公開されていない。そして公開されても黒塗りが大部分だ。「サマワの真実」はどこにあるのか？

これだけはハッキリしている。「日本人である西谷がサマワだけは入れなかった」という事実である。

2. 紛争と貧困の現場で

700万人以上が飢餓に直面する南スーダン

2017年5月、自衛隊がジュバから撤退し、国民の南スーダンへの関心は一気に薄らいだように感じる。しかし現地の様々な問題は全く解決していないのだ。いや、それどころか事態はますます深刻化している。

2018年2月、ユニセフが「南スーダンの事態をこのまま放置すれば、人口の3分の2にあたる700万人以上が飢餓に直面し、5歳未満の子ども530万人が急性栄養不良」と警鐘を鳴らした。危機的状況を5段階のレベルに分けると、その3段階目の「危機」あるいはレベル4の「緊急事態」だという。レベル5が「大惨事」なので、人々は飢餓の中、かろうじて生きながらえているという状態である（図1）。南スーダンの人々がなぜこんなにも飢えてしまったのか？　難民たちの生活は？　治安はどうなっているのか？

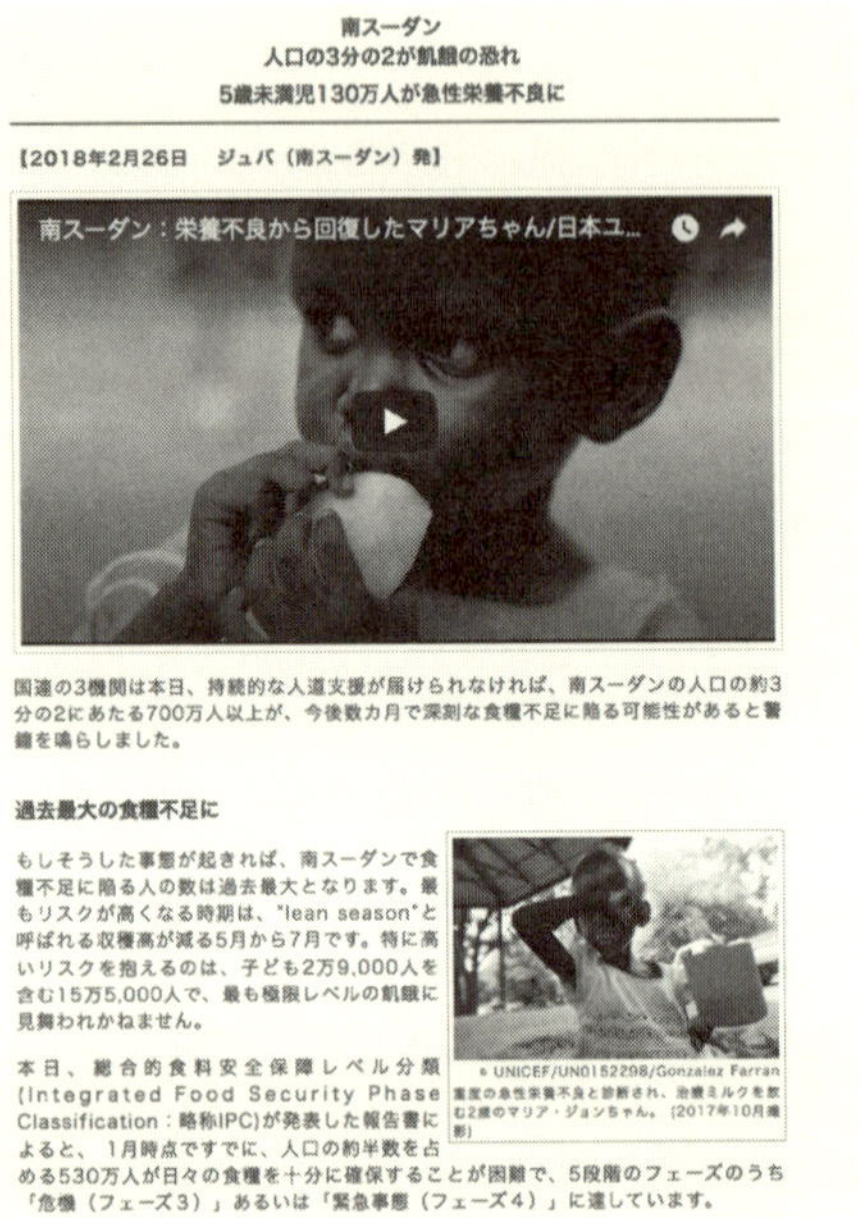

南スーダン
人口の3分の2が飢餓の恐れ
5歳未満児130万人が急性栄養不良に

【2018年2月26日　ジュバ（南スーダン）発】

国連の3機関は本日、持続的な人道支援が届けられなければ、南スーダンの人口の約3分の2にあたる700万人以上が、今後数カ月で深刻な食糧不足に陥る可能性があると警鐘を鳴らしました。

過去最大の食糧不足に

もしそうした事態が起きれば、南スーダンで食糧不足に陥る人の数は過去最大となります。最もリスクが高くなる時期は、"lean season"と呼ばれる収穫高が減る5月から7月です。特に高いリスクを抱えるのは、子ども2万9,000人を含む15万5,000人で、最も極限レベルの飢餓に見舞われかねません。

© UNICEF/UN0152298/Gonzalez Farran
重度の急性栄養不良と診断され、治療ミルクを飲む2歳のマリア・ジョンちゃん。（2017年10月撮影）

本日、総合的食料安全保障レベル分類(Integrated Food Security Phase Classification：略称IPC)が発表した報告書によると、1月時点ですでに、人口の約半数を占める530万人が日々の食糧を十分に確保することが困難で、5段階のフェーズのうち「危機（フェーズ3）」あるいは「緊急事態（フェーズ4）」に達しています。

（図1）南スーダンの飢餓を報じるネットニュース

これらのことは現地へ行かないとわからな

(写真1) マハド避難民キャンプ

い。まずはジュバの国内避難民キャンプの現状をご紹介しよう。

ジュバで最も大きな繁華街は「コニョコニョ地区」と呼ばれている。首都の繁華街、日本で言えば東京の銀座や新宿に当たる場所だが、ここは新宿どころか大阪の天神橋筋商店街、いや千林商店街や駒川商店街にも負けるくらいの小さな規模しかない。畳2〜3畳ほどの敷地に建つ小さな商店が軒を連ね、その一番奥まったところに小さなモスクが立っている。モスクの背後はナイル川まで続く広大なグラウンドになっていた。戦闘勃発後、人々はここに逃げ込んだ。これが「マハド避難民キャンプ」の始まりである(写真1)。

マハド避難民キャンプ

延々と続く薄汚れた粗末なテント。「マハド避難民キャンプ」では、18年5月の時点で約7800人が、ひっそりと身を寄せ合って暮らしている。2013年12月と2016年7月の2度にわたる戦闘後、人々は南スーダン各地から首都ジュバに逃げてきた。政府軍が制圧したジュバは、地方に比べて治安が良いからだ。キャンプの責任者マイエン・コールさんに許可を得て撮影開始。

目立つのが女性と子ども。成人男性は殺されてしまったのだろうか?

テントの前で座り込む母子がいる。カメラを向けると、手で口に物を運ぶ仕草をした。「何か食べるものをちょうだい」（写真2）。言葉は通じなくてもその困窮ぶりはすぐにわかる。「この子を見ろ。こんな状態になってもどうすることもできないんだ」。マイエン・コールさんが私をテントの中へ手招きした。家具も布団も何もないテントの中でルオーくん（1歳半）が横たわっている（写真3）。その顔に無数のハエ。ハエは残酷だ。追い払うことのできない子どもを集中的に攻める。瞳にハエがたかる。この子の涙、つまり水分と養分を奪い取る。日本ではあり得ないことがここでは現実に起きている。

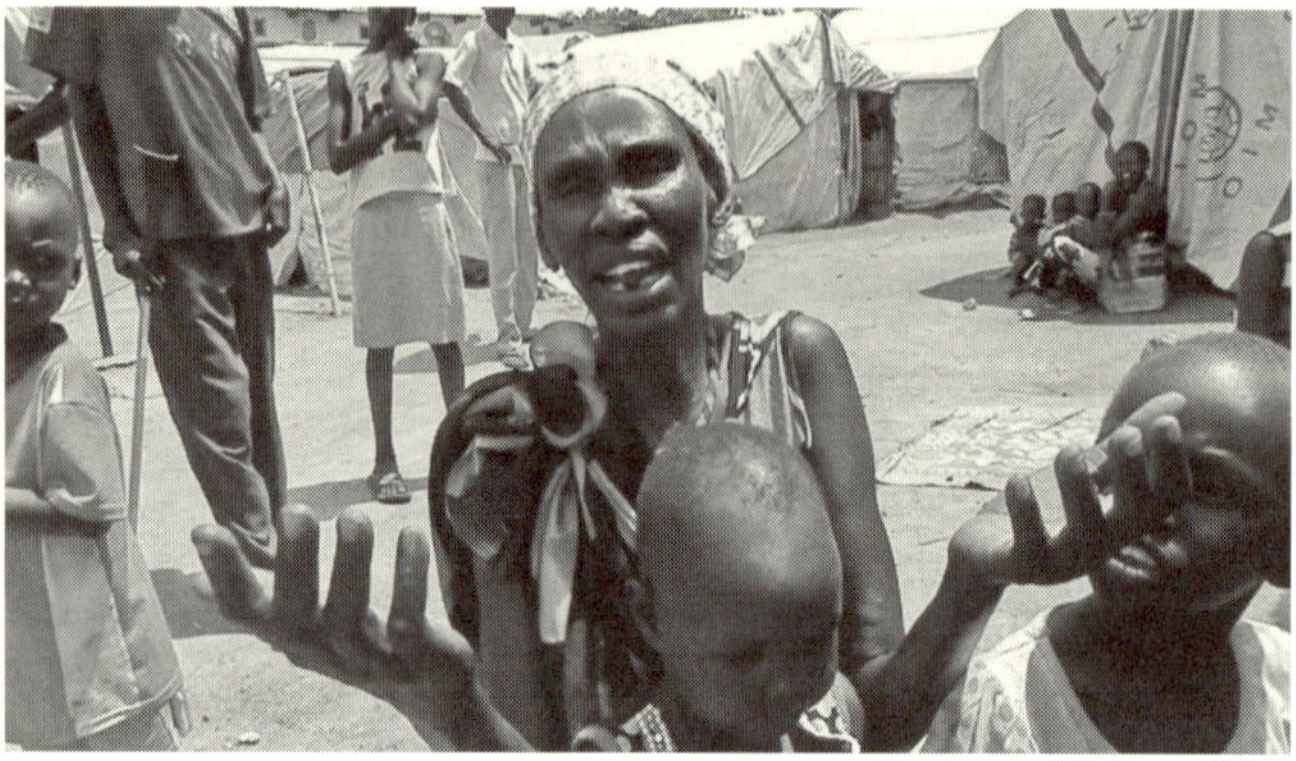
（写真2）「食料がほしい」と訴える女性

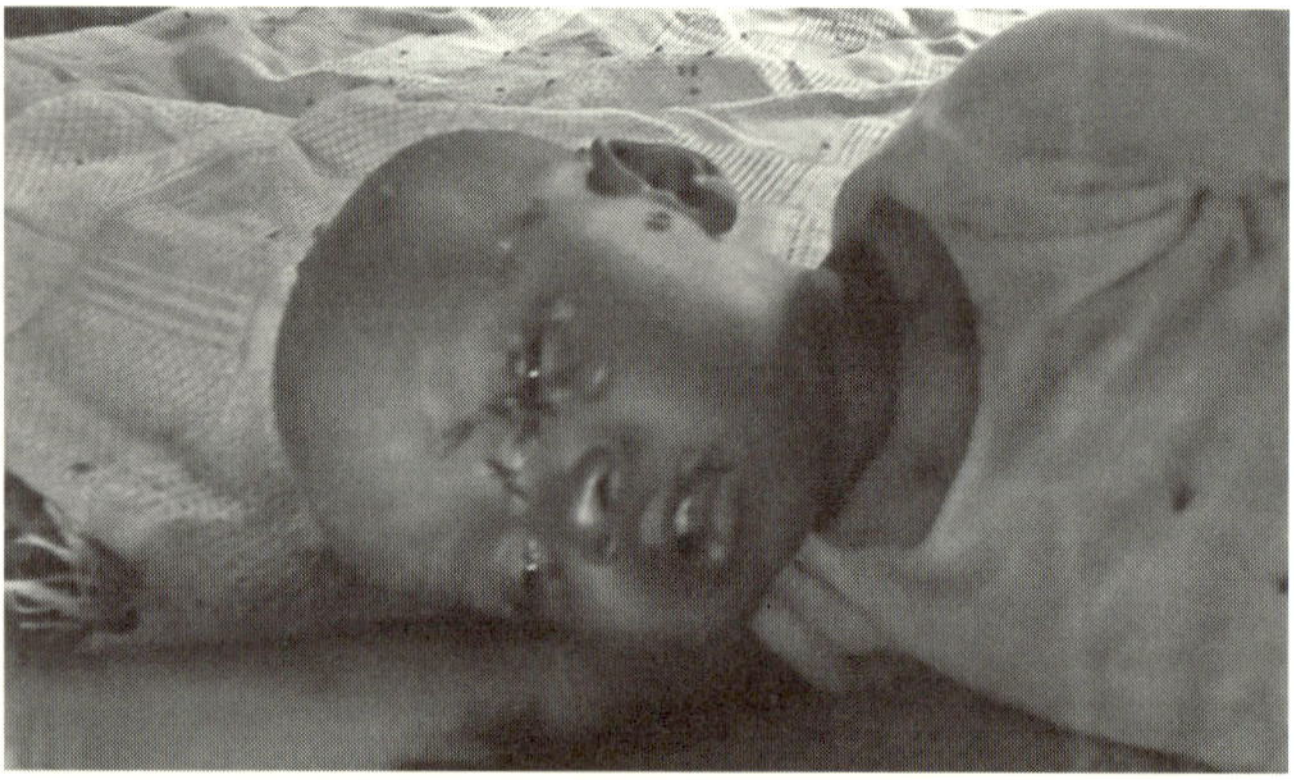
（写真3）ルオーくんの顔にはハエがたかっている

「医者はいるの？」

「いない。2週間に1度往診に来るだけだ」

たとえ医者が来たとしても食料も薬もない中で満足な治療ができるかどうか。「この子に奇跡が起きますように」。カメラを回しながら心の中でつぶやく。

テントを出ると頭にバケツを乗せた女性達とすれ違う。

「井戸から水を汲んできたの？」

「違うわ。ナイル川からよ」

上流のウガンダから延々と流れくる白ナイルの水は生活排水で汚れている。ここでは食糧不足による栄養失調か、汚れた水による下痢か、雨期に集中するマラリアか、そのいずれかで子どもたちが簡単に命を落とす。

気温40度を超える灼熱のジュバでガスなし、電気なし、水道なし。乳飲み子を抱えるアトンさん（24）のテントにお邪魔した（写真4）。4人の子がいて、おっぱいに食らいついているのが一番下の子どもだ。

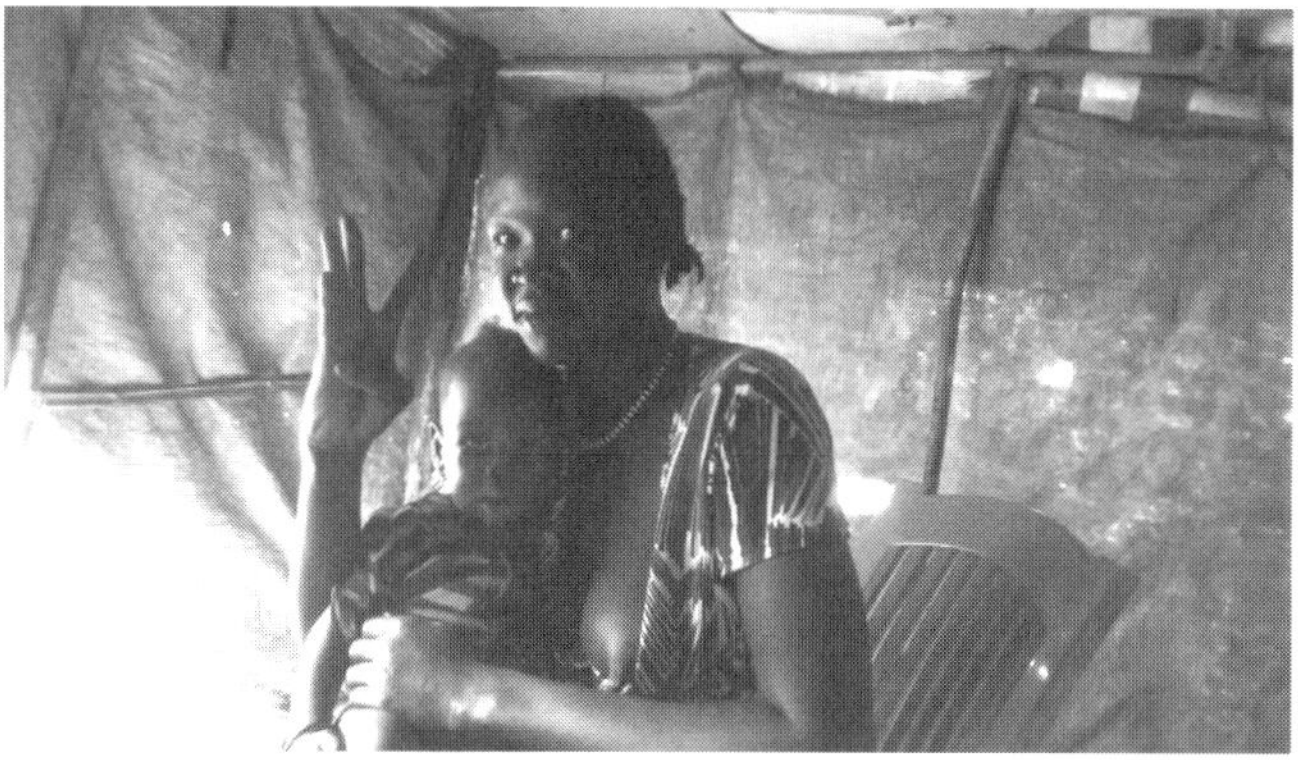
（写真4）4人の子どもがいるアトンさん

「夫は？」

「政府軍の兵士として前線にいるわ」

「どこの前線？」

「知らないわ。どこにいるのか、何をしているのか」

「1日に何回食事にありつけるの？」

（写真5）食糧を配りキャンプの責任者マイエン・コールさんと握手

「よくて1回、全然食べられない日もあるわ」

抱きかかえている子は、このキャンプで生まれた。アトンさんは自分のお腹を指してから、胸をしぼる仕草をした。空腹なので母乳が出ないのだ。

キャンプをひと通り取材してから、通訳たちがコニョコニョ市場で食料品の買い出し。その後キャンプで食糧を配りマイエン・コールさんと握手（**写真5**）。子どもたちが喜んでいる。カメラを向けると、やはり手で口に物を運ぶ真似をする。飢えているのだ。「この5年間で初めて粉ミルクの配給があった。感謝している」とコールさん。ジュバには国連や赤十字の事務所があるのだが、ここには1度もミルクの配給はなかったのだそうだ。

文字を勉強したい

配布終了後大きな拍手がわき起こった。子どもたちが集まってくるので、兵庫県の丹波市立和田中学校のみなさんから預かった草木染めのハンカチをプレゼントする（**写真6**）。ハンカチには「Peace around the world」（世界中が平和になりますように）とか「Everyone has the right to a safe place to live」（誰もが安全に住む場所を持つ権利がある）などと書かれている。南スーダンの公用語は英語なので、子どもたちは簡単

（写真6）中学生から預かった草木染めのハンカチをプレゼント

な英語はしゃべることができる。しかし学校がないので文字は読めない。このハンカチで文字を勉強したいと願うだろう。いろんな意味で良いプレゼントになった。募金をいただいたみなさん、本当にありがとうございました。

1万5千人が暮らす広大なキャンプ

ジュバの郊外にも大規模な避難民キャンプがあると聞き、訪問することにした。グンボ村は白ナイル川の向こう側、ウガンダ方面つまり南へ10キロほど走ったところにある。ナイル川に架かる橋はイギリスが占領時代に作ったものだった。「42トン以上のトラック通行禁止！」の看板があり（写真7）、周辺には兵士がたむろしている。何しろナイル川を渡れるのはこの橋だけなので、ここは交通の要衝となる。42トンに耐えられるということは小型の戦車が通れるということ。反政府軍がこの橋からジュバに攻め上がってくるかもしれない。だから政府軍兵士が常にこの橋のたもとで目を光らせている。「橋の周囲は撮影厳禁だ。カメラをバッグにしまっておいてくれ」。運転手フレディーの指示に従うが、アクションカメラは車に付けたままなので、橋を撮影することができた。

道路は南スーダンでは珍しい舗装道路だ。戦争がなければ10時間ほどでウガンダまで行けるそうだ。橋を渡って1時間ほどのドライブでグンボ村入口に到着。国道を離れて村に入ればまたまた悪路。でこぼこ道を行くこと約30分、ドン・ボスコ教会に到着。広大な敷地に教会と学校が併設されていて、避難民キャンプが延々と続く。驚いたことにこの教会に日本人シスター、下崎優子さんがおられた。

（写真7）イギリスの橋の入り口。橋はこれ1本だけ

（写真8）日本人シスターの下崎優子さん

「イエスのカリタス修道女会」が世界にシスターを派遣していて、下崎さんは南スーダンに派遣され、2016年7月の戦争勃発の際にも逃げずにここに留まった（**写真8**）。

「人々に紛れて兵士もここにやってきたんです。それで撃ち合いが始まって」

「下崎さんたちはどうしていたのですか？」

「とにかく建物の中に入って、静かにしていました」

「戦車砲やロケット弾など

も?」

「いえ、兵士たちは旧式の銃しか持っていませんでした。でもどこに飛んでくるかわからないでしょ。流れ弾が怖かったのです」

恐怖の3日間をあっさり笑顔で語る下崎さん。下崎さんの案内で広大なキャンプを回る。ここには1万5千人を超える人々が暮らす。小さくて粗末なテントが延々と続く。その中の1つにお邪魔してみる。カメラを抱えてテントの中に入るなり、女の子が泣き叫ぶ。黒人以外の人間を見たことがないのだ。秋田県の「なまはげ」になった気分だ。3畳1間のテントにクリスティーナさん(32)と5人の子どもが暮らす。

「夫は村で殺害されました。2016年のことです」

涙をいっぱいためておっぱいにしがみつく女の子(写真9)。

「この子は?」

「夫が殺された時、お腹の中にいました」

クリスティーナさんのテントを出て少し歩くと、ちょっとした広場が現れ、広場の向こうにも延々とテントが続く(写真10)。

「あちら側が2013年に逃げてきた人々。こっちが16年に逃げてきた人々です」と下崎さん。南スーダンでは大規模な内戦が2回あって、避難民もその区分けで生活しているのだ。

(写真9) 5人の子どもと暮らすクリスティーナさん

たった1カ所のこども病院で

キャンプの次に学校を訪問。ちょうど給食時間帯で子どもたちがグラウンドで遊んでいる。学校は1日2回授業で、朝に1800人、昼も1800人が登校する。本日の給食はアシーラというお粥でトウモロコシを煮込んだもの。学校のグラウンドには井戸があって、授業を終えた生徒たちが井戸に群がっている。幸いにもここの井戸水は飲めるようだ（写真11）。

（写真10）2013年に逃げてきた人々が暮らすテント

（写真11）井戸水を飲む生徒たち

避難民キャンプと並んで、緊急支援が必要なのは病院だ（写真12）。ジュバ市内のアルシャハ子ども病院でブロン・トングン院長にインタビューする。

「この病院は1983年にクウェートの援助で建てられた。その後2008年まで北スーダン政府が運営していたが、その後は南スーダン現政権がここを管理している。子ども病院は広い南スーダンでここ1カ所だけだ。ベッドは

150床あるが、子どもは連日200名以上やってくる。7名の医師、9名の薬剤師、40名の看護師が働いているが、給与は支払われないか遅配である。子どもたちの死因で最も多いのがマラリア、次に肺炎、その次が栄養失調、下痢による脱水などだ。薬は全く足りていない。日本からの支援を期待する」

（写真12）患者が診察室に殺到していた

（写真13）診察と入院を待って野宿する母子たち

院長の言葉通り全くベッドが足りておらず、患者の母子たちは外の芝生で診察を待っている（写真13）。数日間もここで野宿している親子もいる。病院の入場門のところに「病院内で泊まれるのは母子のみ。男性は宿泊してはならない」との看板がある。地方からやってきた人々が診察を受けようとすれば野宿が条件なのだった。

集中治療室に入る。この赤ちゃんは「セプティシーミア」。つまり雑菌による敗血症で、危篤状態。口から物を食べることができないので、このようにチューブで牛乳を流し込む（写真14）。首都ジュバでさえ衛生状況が悪くハエが飛び交っているのだが、地方はさらに不衛生で栄養が足りていないので抵抗力もなかったのだろう。簡単な薬で止められる病気が、南スーダンでは蔓延してしまうのだ。

隣の赤ちゃんはマラリアと栄養失調の合併症だ。「2週間前に発症したの。でもジュバに出てくるのに数日かかって、診察待ちでまた2日。ようやく1週間前に入院できたのよ」。母親がこの子の衣服をめくりあげる。肋骨が浮き出て、苦しそうな表情をしている（写真15）。この子の自宅にせめて蚊帳があれば、マラリアは防げたのかもしれない。

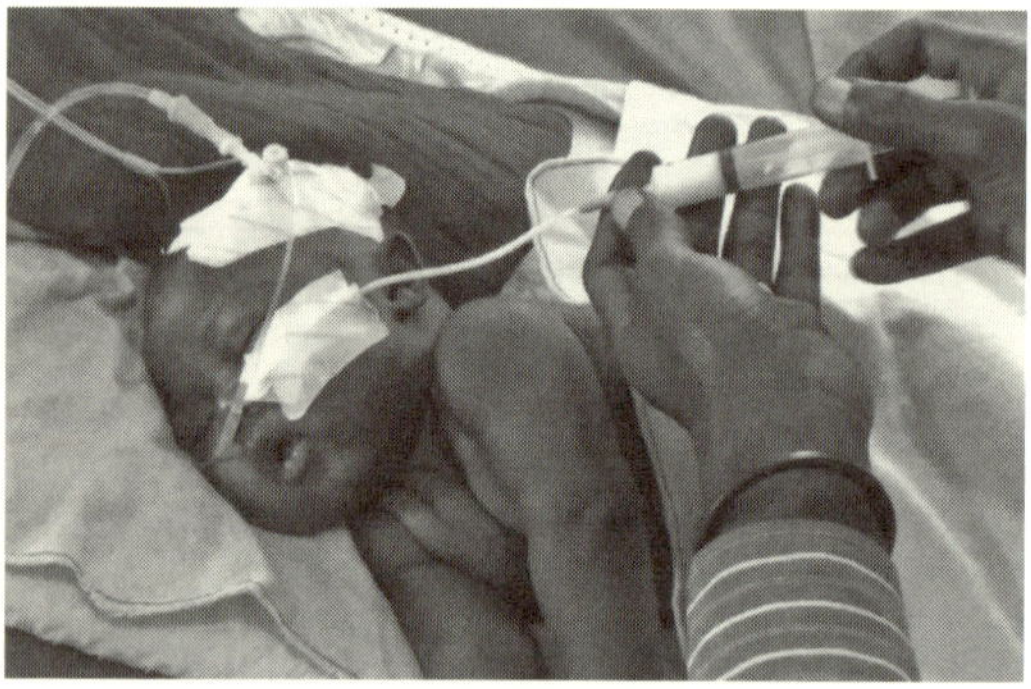
（写真14）セプティシーミアに罹った赤ちゃん

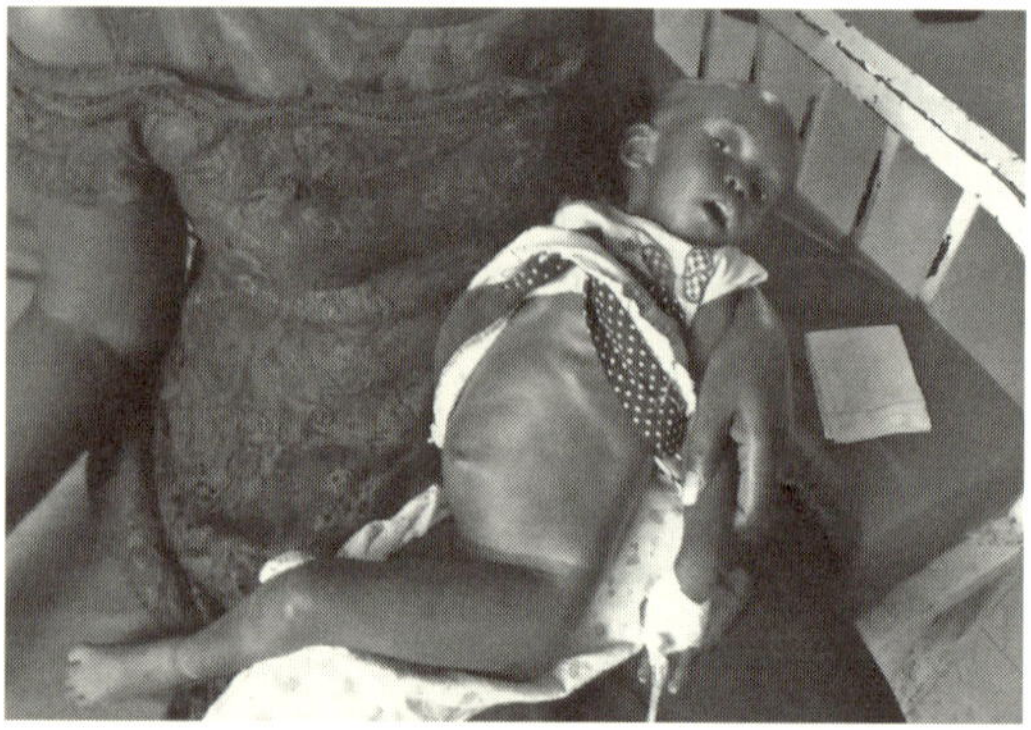
（写真15）マラリアと栄養失調の合併症の赤ちゃん

日本からの募金でこの病院にも食料と石鹸、粉ミルクを配る。看護師長が代表で支援物資を受け取ってくれる。この模様は地元テレビによって配信され、その日の夜9時、トップニュースになっていた（写真16）。

内戦と温暖化が原因

この章の最後に、「なぜ人々

（写真16）地元テレビの取材を受ける

（図2）南スーダンの難民流出を解説するニュース

はこんなにも飢えてしまったのか」について私なりの考察を記したい。

主な原因は内戦だ（図２）。２０１３年12月と16年７月の２度にわたる戦闘の勃発により、人々は家族を殺され、土地や財産、故郷を追われて難民となった。国境を越えてウガンダやケニアに逃げた人々は「難民」となり、国連や赤十字などの支援によって命と健康が守られた。一方、国境を越えるだけの財力や輸送力がなく、南スーダンにとどまった人々は「避難民」となり、国連や赤十字、ＮＧＯなどが撤退する中で、必要な支援が届かず飢饉に見舞われた。だから一刻も早くこの内戦を終結させ治安を安定させないと、人々はさらに殺されていくことになる。キール大統領とマシャル副大統領が対話に復帰して、国際社会の監視の下でもう一度和平協定を結ばせることが重要だ。

二つ目の原因として「地球温暖化による気候変動」を挙げておきたい（図３）。どういうことか？

南スーダンやケニアなど東アフリカ地域では近年、豪雨と干ばつが順番に襲ってくる。日本のような灌漑システムがあれば、まだ農地は守られるのだが、自然降雨に頼った農業や牧畜業では、家畜の牛や鶏、羊が死ねば農民は生きていけない。ケニアの2016年は干ばつで18年は豪雨。首都ナイロビでも野菜の値段が急騰していた。

近年、粗末なボートにぎゅうぎゅう詰めにされた難民たちが、アフリカのリビアからヨーロッパを目指している途中、船が沈没して大量に溺死するニュースが数多く報道されている（**写真17**）。

難民の中にはシリアやアフガンの人もいたが、ソマリアやエリトリア、南スーダンの人々もたくさん乗っていた。あの難民たちの中には「戦争難民」もいたが、「気候難民」もいたのだと思う。日本でも北海道に台風がいくつも上陸したり、梅雨前線が停滞して西日本各地で洪水被害が出たり、明らかに「異常な事態」がやってきている。先進国が吐き出した二酸化炭素によって一番苦しめられているのが、電気もガスもない（つまりあまり二酸化炭素を排出していない）アフリカの人々なのだ。

最後に「ハイパーインフレによる輸入食品の高騰」がある。この写真は100米《ドル》を南スーダン・ポンドに両

干ばつの被害が特に深刻な東アフリカ

・過去30年で最悪と言われた2010-2012年の干ばつでは、1200万人以上が食料不足に（ソマリア370万、ケニア350万、エチオピア460万）。
・2016年末の降雨量は過去最低レベルを記録。国連によると、今後、特にソマリア、南部・南東部エチオピア、北部・沿岸部ケニア、南西部ウガンダ、及び南東部南スーダンの国境付近で事態が深刻化し、2010-2012年を上回る影響を及ぼす可能性があると予測されている。
・東アフリカ地域の各国国境付近では、農地・牧草地、水を求め、大規模な人・家畜の移動が発生。限られた資源をめぐる紛争の原因になる可能性も。

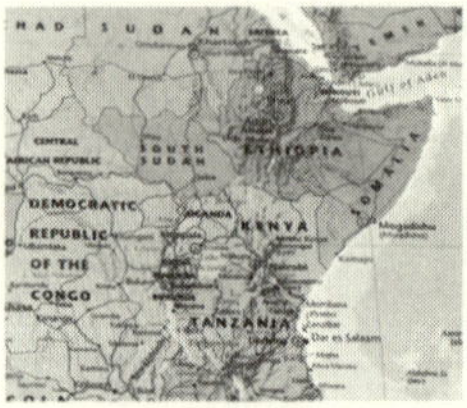

各国の状況（2017年2月末時点）

・南スーダン：10 万人が既に飢饉の状態、100 万人が飢饉の危機
・エチオピア：560 万人が緊急支援を必要とし、920 万人が安全な水へのアクセスが困難な状況
・ケニア：47 県中、23 県に対し、干ばつの被害にかかる非常事態宣言が発令。270 万人以上が栄養不良状態
・ソマリア：既に500 万人が食料援助を必要とし、330 万人が栄養不良による医療支援を受ける必要。コレラ等の感染症も発生。今後も状況の改善が図られない場合、2017 年7 月までに620 万人（人口の半数以上）が飢饉の危機に陥る可能性

（図3）気候変動による干ばつを報ずるネットニュース

替した時のもの（写真18）。一般的に戦争をした国の通貨は極端なまでに下落する。第1次世界大戦後のドイツは「マルクをリヤカーで運ぶ」ほど紙幣価値が暴落した。日本円も戦後にその価値を暴落させ、庶民が国策で買わされていた「戦時国債」は紙くずとなった。南スーダンでも同様のことが起きていたのだ。つまりポンドしか持っていない普通の庶民たちは、ケニアやウガンダから輸入され、市場に並ぶ肉や野菜を買うことができなくなっていたのだ。

（写真17）難民船の沈没もニュースになっている

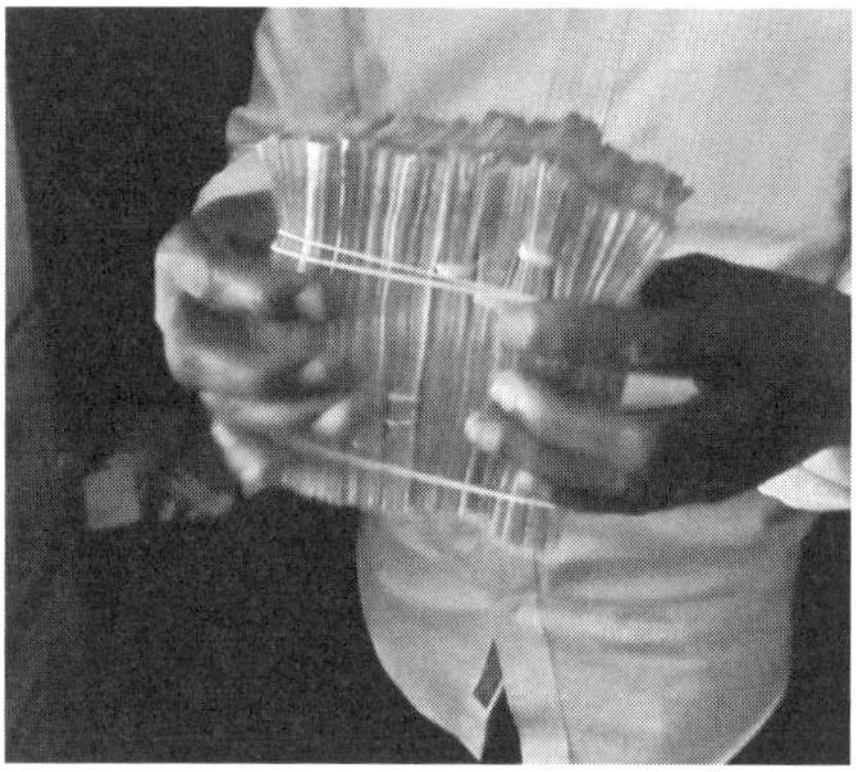

（写真18）この厚さで100ドルしかない

戦争と温暖化、そしてハイパーインフレ。この3つの要因で人々は飢餓に直面している。アフリカのキリマンジャロやケニア山の氷河は消滅の危機を迎えている。「戦争を止める」「温暖化を止める」この2つは21世紀に生きる私たちにとって待ったなしの重要課題である。

アメリカのトランプ大統領は、シリアやアフガンにミサイルを撃ち込み、さらに「地球温暖化はウソだ」

「米国の石炭産業を活性化させる」と述べている。時代に逆行するトランプ大統領、そしてその大統領と一緒に仲良くゴルフする安倍晋三首相。その映像が衛星テレビを通じて世界に流れた18年4月、ケニアで通訳たちとその映像を見た。

「アベって、お前の国の首相だろ?」

「そうだ」

「うれしそうにゴルフしているな」

この後2人揃って仲良くコイに餌をやる映像が流れた。「いや、俺は全然支持してないのだが…」。かなり恥ずかしかったのを覚えている。

コラム2　無力感が解放される時

2003年12月に「イラクの子どもを救う会」を立ち上げて、毎年2～3回ぐらいのペースでイラク、アフガン、シリア、ソマリア、南スーダンなどに支援物資を届けてきた。例えばアフガンの避難民キャンプに単身で入っていくことには危険が伴う。米軍の無人機空爆によって、たくさんの人々が殺されていくアフガンでは、反米感情が充満していて避難民の中にタリバンのメンバーがいる。ビデオカメラを肩からぶら下げて、キャンプにズカズカ入っていく外国人は拘束される可能性がある。実際に何名かのジャーナリストは避難民キャンプで誘拐されている。

私の場合、支援物資を持っていくのでキャンプの責任者が私のことを信頼してくれる。飢餓に直面している彼らにとって、支援物資は砂漠でオアシスを見つけたようなもの。日本のみなさんから預かった資金で食料を買い込み、キャンプで配布するということは、私の取材活動を安全にしてくれている。避難民、支援いただいたみなさん、そして私の三者が「ウィンウィンの関係」になっている。このことに感謝しつつ、最近特に感じるのが「無力感」である。

あまりにも長く続く戦争、そして増え続ける避難民。支援物資に限りがあるので、とても全員が満足する量にはならない。私の感じる無力感は「量の少なさ」にあるのではない。支援物資を配布した後、関西弁でホンネをつぶやく。「これ食べたら、また飢餓やんか」

つまり十数年間続けてきた私の支援方法は、全く根本的解決になっていないのだ。例えば盲腸の患者に、手術せずに痛み止めの薬を塗っているようなもの。薬が切れたら終わり。外科手術をして患部を取り除き、元の元気な身体にしてあげないとダメだ。

元の元気な身体とは?

農業や狩猟、牧畜で生活できていた平和な時代に戻してあげること、だろう。この章の最後に東アフリカでは大干ばつに襲われ、人々が飢えているという現実を紹介した。しかしジュバにはナイル川が流れているのである。川から用水路を引いて農業ができるようにすれば、食糧支援するどころか、彼らが野菜を市場で販売して、生計を立てることができるだろう。

多くの兵士が殺されたシリアでは、大量の未亡人が発生してしまった。女性たちに支援物資を送るよりも、彼女たちにミシンの使い方を教えて、ハンカチや洋服を販売し、その収益で給料を支払っている地元の団体があった。この方法なら彼女たちは物乞いや売春をしないでも済む。

1979年、旧ソ連の侵略で始まったアフガン戦争。戦争が始まるまで首都カブールにはミニスカートの女性がいたとか。旧ソ連軍に対抗するため、アメリカとパキスタンがイスラム勢力を支援、あのオサマ・ビンラディンはこの時代にアメリカが送り込んだアフガンゲリラだった。戦争によって自由と民主主義が奪われ、アフガンはどんどん「イスラム化」していった。すべての女性はブルカを着用し、全身を覆い隠さないとダメになった。女学校が非合法になり、自由恋愛は禁止され、結婚は親が決めることになった。だからタリバン政権が崩壊した後も女の子に文盲が多く、井戸まで水を汲みに行くのは主に女の子の仕事だ。これはパキスタンも同様で大変なハンディキャップだ。文字が読めないとまともな仕事に就けないではないか。だからこそ女学校が必要であり、（アフガンやパキスタンで男女共学はまだ事実上不可能だ）マララ・ユスフザイさんは学校に通い続けたために、凶弾に頭を撃ち抜かれた。

「最も悲惨だな」と思ったことはどんな時ですか？　日本の高校生からこのように聞かれたことがある。たくさんの虐殺死体を見てきたし、劣化ウラン弾の影響と思われるがんの子どもにも多数出会った。しかし、私は零下20度のカブールで、雪の上に座って物乞いをしていた未亡人の姿を忘れることができない。女性が外で仕事できないアフガンで、彼女は子どもたちを養うために、雪の上に座ることしかできなかったのだ。そしておそらく「雪の上での物乞い」は、彼女の娘に引き継がれていく。

戦争は不条理な世界を作り出す。そんな現実を日本の学校で紹介している。「私たちに何ができますか?」と聞いてくれる中学生や高校生がいる。「この子たちの心に映像が突き刺さったんや。学校で話をさせてもらってよかった」。私の「無力感」はようやくここで解放される。

第2章　「抑止力」信仰のウソ〈米朝会談と日本〉

歓迎すべき朝鮮半島非核化の方向

2018年6月12日、トランプ大統領と金正恩委員長による米朝首脳会談が行われた（写真1）。

（写真1）米朝首脳会談で握手するトランプ大統領と金正恩委員長

戦争が回避され朝鮮半島非核化の方向性が示されたことを歓迎したい。その上で、トランプ大統領は「非核化に関わる費用は日韓が負担することになる」と言い出した。

えっ、なんで？　トランプさんの答えは「近いから」。おいおい、そんな都合の良いことを勝手に言うなよ！　日本が本当に独立国家ならすぐさま抗議しないとダメだ。しかし安倍首相は黙ったまま。むしろ「拉致問題を取り上げてくれてありがとう」とトランプ大統領に感謝する始末。安倍首相は米朝首脳会談の前に大統領と会っている。「シンゾー、非核化のカネはお前たちが出せ」と通告されていたに違いない。

北朝鮮がすんなり非核化に応じるかどうかは今後の交渉次第

だが、非核化には莫大なお金と時間がかかる。そしてその技術は「核兵器を作ったことのある国」が持っている。つまりトランプ大統領の提案は「日韓のカネで米国の核ビジネスを丸儲けさせる」というアメリカファーストのディールなのだ。

米国核ビジネスの餌食にされる日本

とはいえ、非核化は素晴らしいことだ。百歩譲って日韓が予算を用立てたとしよう。その代わりに「買わなくて済むもの」はキャンセルすべき。まずは「ミサイルをミサイルで撃ち落とす」イージス・アショア（図1）。これは要らないよね。日本は米国から1基1000億円で2基買わされようとしていて、山口県と秋田県に配備予定だ。製造者は米国の軍事産業レイセオンとロッキード・マーチン。部品の一部は三菱電機と富士通が担うので、購入の裏には「日米軍産複合体」がいるのだろう。

続いてオスプレイ（写真2）。これは有事に対応して兵士や武器弾薬を運ぶた

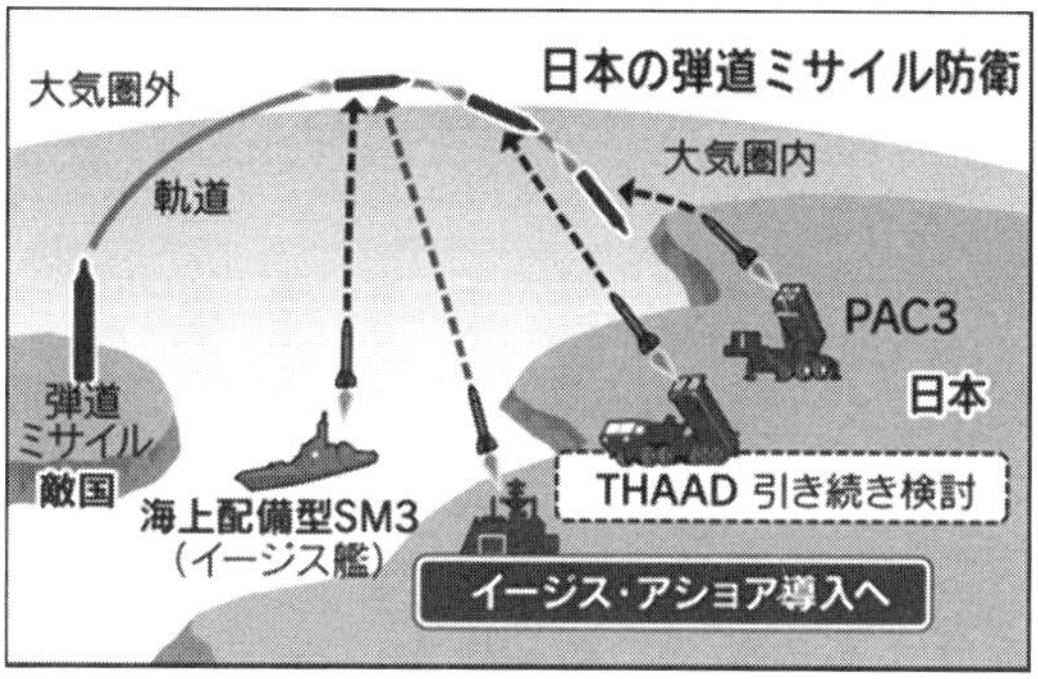

（図1）イージス・アショアの概念図

（写真2）オスプレイ

めのもの。北朝鮮の脅威がなくなれば買う必要はない。ちなみにこのオスプレイ、欠陥飛行機でよく落ちる。通常のヘリコプターならエンジンが停止してもプロペラを回しながら着陸できるのだが、オスプレイは構造上すぐに落下する。実際の戦闘で撃ち落とされるよりも、軍事演習中に操縦ミスで落ちて兵士が亡くなるので、別名未亡人製造機とも呼ばれている。このオスプレイ、米国のボーイング社が製造しているが、米国内で買えば1機50～60億円程度、しかし日本の自衛隊が買うと1機約120億円に跳ね上がるのだ。主な理由は「ボーイング社から直接買わないから」。オスプレイの場合は間に三井物産を挟む。中間マージンが付加されて値段が跳ね上がるのだ。なぜ？　防衛省の幹部が三井物産や三菱商事に天下りたいからだ。こうして血税が無駄遣いされていく。なぜメディアはこれを告発しないのか？　その答えは「テレビで三井住友ビザカード、三菱東京UFJのCMが流れているから」。

　さらに言えば日本は1機130億円もするF35ステルス戦闘機（写真

（写真3）F35ステルス戦闘機

（写真4）辺野古基地埋め立て

3）を40機以上買うことになっている。F35は攻撃用。日本の原則は専守防衛なので、そもそも要らない。忘れてはならないのが沖縄県名護市に建設予定の辺野古基地（写真4）。沖縄の海兵隊は他国に攻めていくときの「殴り込み部隊」で、そのための訓練をするところ。米国は世界の警察官であることを辞めようとしているので、海兵隊の縮減、再編を考えている。米国自身は「沖縄の海兵隊をグァムとオーストラリアに持っていきたい」と考えていて、それを引き止めているのが日本政府なのだ。なぜ？

辺野古埋め立て工事は大手ゼネコンにとっておいしい巨大プロジェクトだからだ。基地建設反対で座り込む人々などを「警護」しているアルソックなどの企業も「関連ビジネス」で儲かっていることだろう。

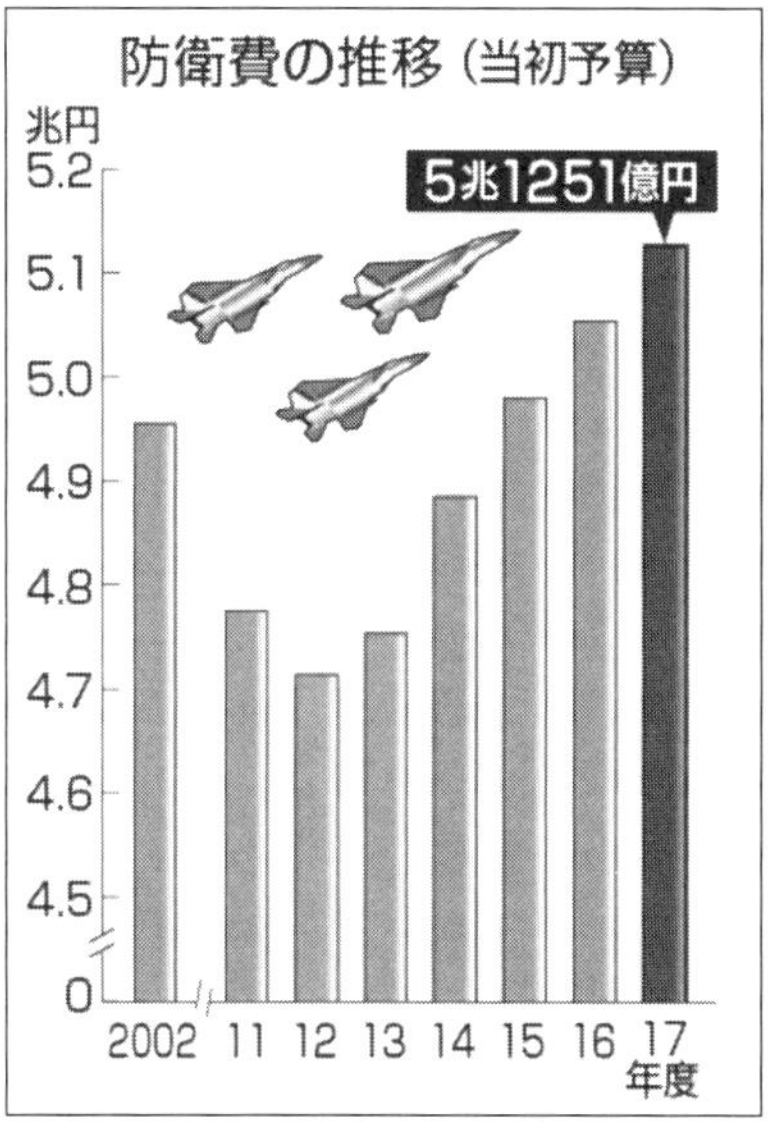

（図2）軍事費の伸び

その結果、第2次安倍内閣で軍事費だけがうなぎのぼりになった（図2）。今まで「GDPの1％にとどめる」という国是があったが、その枠を取っ払った上に「2％まで引き上げる」と言い出す始末。2％なら11兆円だ。そんなことになれば年金切り下げ、保育所待機児童増加、奨学金破産…など、日本全体にますます閉塞感が広がり、「ブラック社会」になってしまうではないか。

本来ならメディアがいち早くこの事態を報じ

て、警鐘を鳴らさねばならない。しかしバラエティー番組はもちろん、報道番組でさえニュースの大部分が「紀州のドンファン」「日大アメフト」「TOKIOの山口メンバー」などで占められている。

凋落する日本の報道の自由度

図3はフランスに本部を置く「国境なき記者団」が発表した報道の自由度ランキングの推移である。調査対象は180カ国で、例えば「権力者はメディアの責任者を簡単に解雇できるか」「メディアは一般市民の多様な意見を取り上げているか」「ジャーナリストは危険な暴力を受けていないか」など様々な点を数値化して毎年発表されている。このグラフを見て日本の凋落ぶりに愕然とする。

2011年まで日本は11位。まずまずの好位置につけていたが、福島原発事故でガクンと順位を下げる。「(原子炉は)まだメルトダウンしていない」とか「原発を止めたら停電する」など、今となってはウソばかりの報道が続いた。順位を下げた主な責任は政府と東電によるものだ。

その後、政権交代が起きて安倍内閣になった。結論から言えばこれが最悪の選択だった。特定秘密保護法の制定や、高市早苗総務大臣(当時)による「気に入らないテレビ局への電波停止」発言、NHK籾井勝人前会長(**写真5**)による「政府が右というものを左というわけにはいかない」発言、同じくNHKの百田尚樹経営委員(当時)による「沖縄の2紙(沖縄タイムズ、琉球新報のこと)はツブさなあかん」発言…。冷静に振り返れば「そりゃ、順位が下がるわなー」と認めざるをえない。

「モリカケ問題」と同様、ここまで順位を下げた元凶は安倍首相と総理官邸だ。テレビ朝日の「報道ステーション」やTBSの「ニュース23」、NHKの「クローズアップ現代」などは安保法制や共謀罪などで様々な市民意見を取り上げた報道をしていた。首相はそれが気に入らなかったのだろう。陰に陽に圧力をかけて、古舘伊知郎、岸井成格、国谷裕子という番組の顔になっていたキャスターを3人とも降板させてしまったのだ。こんなことを繰り返せば順位は下がる。16、17年度は72位、18年度に67位と少し順位を上げたものの（NHKの会長が交代したからだろう）G7、つまり先進国ではダントツの最下位なのだ（図4）。

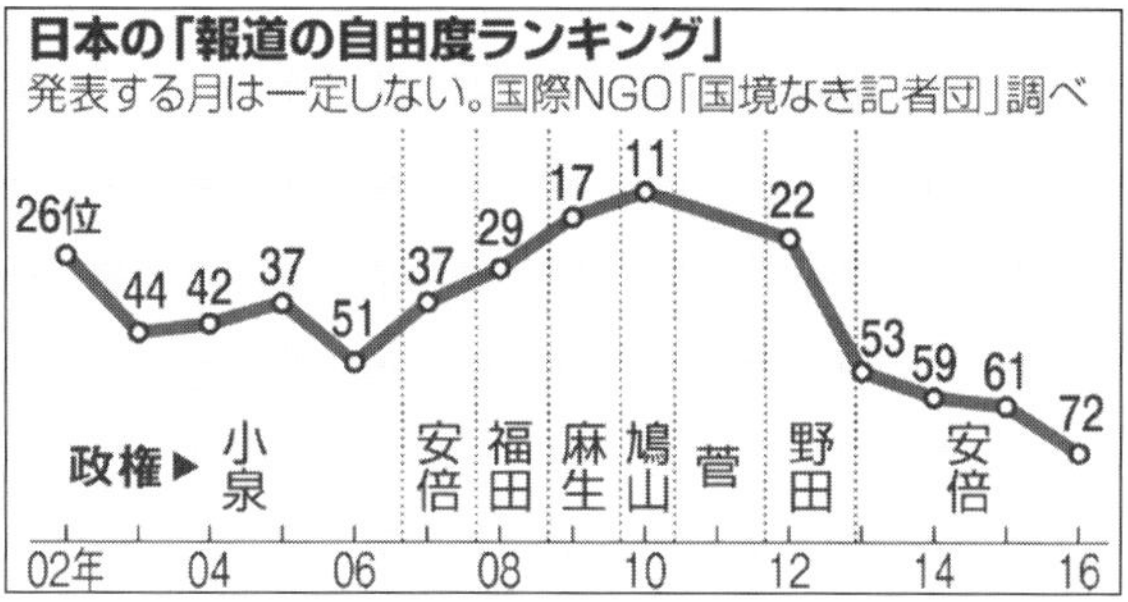

（図3）日本の「報道の自由度ランキング」

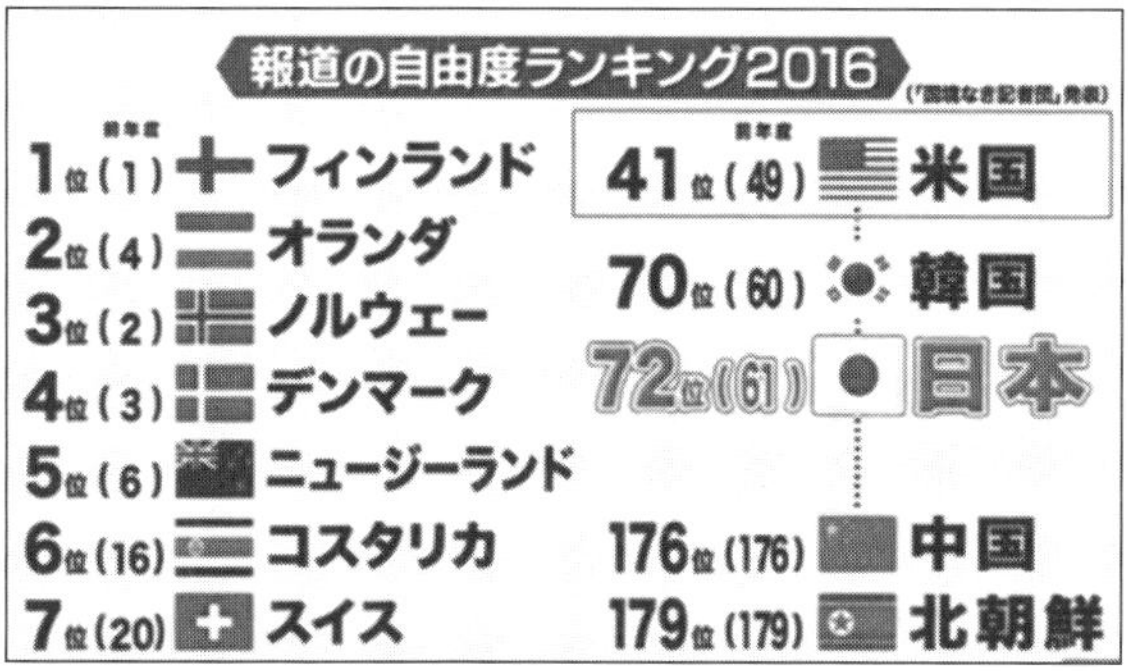

（図4）日本の「報道の自由度」は国際的にも低い

（写真5）ＮＨＫの籾井勝人前会長

そもそもマスメディアは権力を監視するために存在する。ナチスドイツや戦前の天皇制政府は、メディアを完全にコントロールすることに成功した。人々は政府のウソに騙され、軍部の暴走に拍手を送り、そして無謀な戦争に突き進んでいった。「権力は腐敗する。絶対的権力は絶対に腐敗する」(ジョン・アクトン)からこそ、その権力をチェックする報道の自由が大事になってくるのだ。

「今は戦前とは違います。日本ではもう戦争なんて起きませんよ」

確かにそうだ。戦後は女性にも選挙権が与えられ、表現の自由があり、どの政党も「平和を守ります」と公約している。しかし油断してはいけない。戦争や原発は儲かるので、政府や財界は上手にウソをついたり、ごまかしたり、言葉を言い換えたりして、「なんとなく戦争状態」に持っていく場合がある。

ヒトラーはプロパガンダの天才だったと言われている。例えば「独裁政治」と言うとみんな反対するだろう。だから言い換える。「決断できる政治」。民主主義では何も決まりません。私がリーダーシップをとって決断いたします。こう言われれば、何となく、そうかなーと感じる。冷静に考えれば「あなた1人が決めたら独裁やんか！」となるはずなのだが。

「戦争を準備しています」。こう言えばみんな反対するだろう。ヒトラーは隣国ポーランドに攻めていこうとしていた。正直に「戦

ナチスが最初共産主義者を攻撃したとき、私は声をあげなかった
私は共産主義者ではなかったから

社会民主主義者が牢獄に入れられたとき、私は声をあげなかった
私は社会民主主義ではなかったから

彼らが労働組合員たちを攻撃したとき、私は声をあげなかった
私は労働組合員ではなかったから

そして、彼らが私を攻撃したとき
私のために声をあげる者は、誰一人残っていなかった

(図5) マルチン・ニーメラーの言葉

（写真6）9.11テロ事件直後のブッシュ大統領

争します」といえば賛同を得られない。だから言い換える。「ドイツ国民の平和と安全を守ります」。こう言われれば、そうかなーと感じるではないか。そして戦争に反対する人々を徹底的に弾圧した。最初は国会議事堂の放火事件を利用して「ドイツ共産党の仕業だ」と騒ぎ立てて共産党を潰す。続いて社民党。さらに労働組合、新聞記者、学生、最後はキリスト教の教会まで（図5）。その上でヒトラーは国民に迫っていくのだ。「愛か憎しみか、正義か不正義か、イエスかノーか」。二者択一。これを何千回も繰り返す。

好例がある。2001年の9・11テロ事件の直後、ブッシュ大統領（当時）がテレビに出てきて、このように演説した。「世界はアメリカにつくのか、テロリストにつくのか、どっちなんだ？」（写真6）。日本やイギリスは尻尾を振ってアメリカについた。しかしアメリカにつけば戦争だ。テロリストについても人殺しになる。どちらも絶対に嫌ではないか。ニューヨークのビルが崩壊するショッキングな映像を繰り返し見せられて、その後ブッシュ演説が始まる。人々はなんとなく、ブッシュが正解なのかなーと感じてしまうのだ。そう、世の中にはイエスでもノーでもないことも多い。しかしヒトラーはそれを許さない。ヒトラーにイエスかノーか。これを何千回も繰り返せば「ヒトラーにイエス！」と言うのだ。

（図6）「武器輸出」を「防衛装備移転」と言い換える

	現行	今後	理由
名称	「武器輸出三原則」	「防衛装備移転三原則」	実態に近づけて、わかりやすい表現とする
禁輸対象	①共産圏 ②国連禁輸国 ③紛争当事国など	①日本の締結した条約や国際約束の義務に違反する国 ②国連安保理決議の義務違反国 ③紛争当事国	輸出可否の判断基準を抜本的に再整理し、例外として輸出を続けてきた状況を改革。現在の安全保障環境を踏まえて適正に管理する
輸出を認める条件	21件の例外化措置に該当する場合	①平和貢献・国際協力 ②我が国の安全保障に資する	

武器輸出に突き進む安倍政権

70数年前と現在が似通ってきている。安倍内閣になって武器が輸出できるようになった。しかし政府は武器輸出とは言わない。「防衛装備移転」（図6）。

2018年の通常国会、争点の1つはカジノ解禁だ。パチンコなどで破産する人が相次ぐ日本、カジノを解禁すればさらにギャンブル依存症の人が増えてその人だけでなく家族も苦しむことが予想される。世論調査ではカジノに反対する人は約7割に上る。だからカジノ解禁法案とは名付けない。「IR推進法」。IRとは統合型リゾート施設のことで、国の狙いはその中に設けるカジノなのだ。このように名付けることで、人々を「何のこっちゃ、よーわからん」状態にしている。

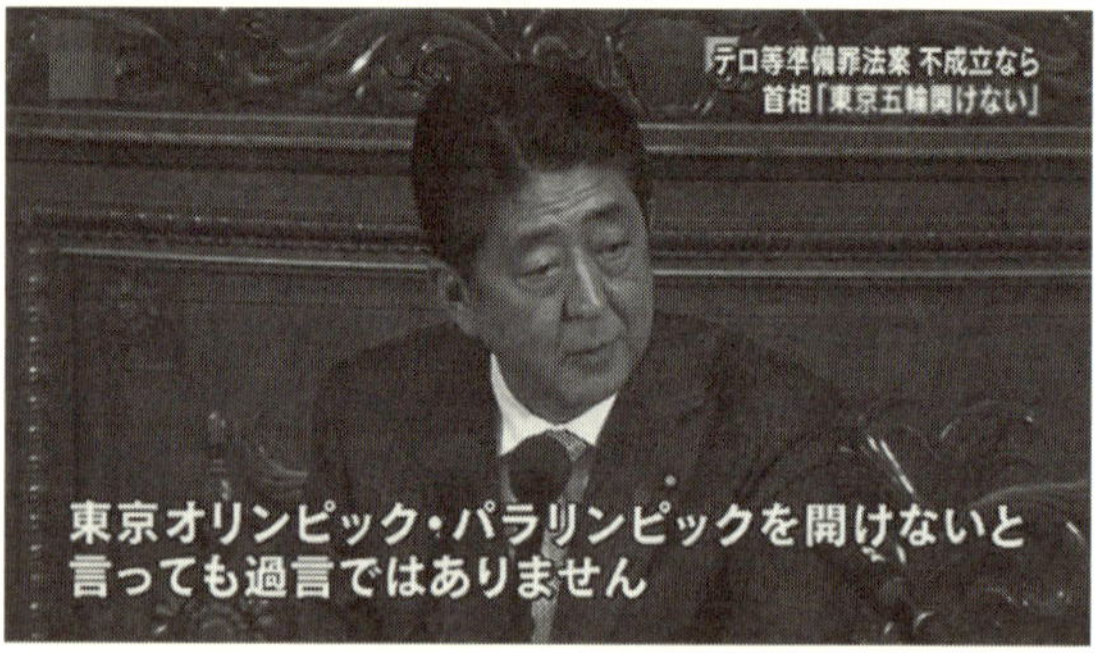

（写真7）共謀罪を「テロ等準備罪」と言い換える

　そして共謀罪である。話し合っただけで警察に捕まるというとんでもない悪法だ。だから共謀罪と呼ぶと反対が多くなる。安倍首相は「東京オリンピックを成功させるために、テロ等準備罪が必要です」と言い換えている

（写真7）。

私は東京オリンピックも大阪万博も開催するべきではないと考えている。一時のお祭り騒ぎの中で福島原発事故のこと、沖縄の基地のこと、自衛隊が海外に派兵されていたこと、などが忘れ去れていく。そして祭りが終われば多額の借金が残り、それを返済するために血税が投入されるだろう。ギリシャやスペイン、ブラジルなどはオリンピック後、大不況に見舞われたではないか。1960年代とは時代が違う。今の日本にそんな余裕はない。

以上のことを押さえた上で、「北朝鮮危機」から「米朝対話による雪解け」に至った経過を冷静に振り返ってみよう。

（写真8）シリアにミサイルを撃ち込んだ

何のために危機を煽り立てるのか

まず「危機を作り出した」張本人はトランプ大統領だ。2017年4月にシリアとアフガンにミサイルを撃ち込んだ（写真8）。シリアにはトマホークミサイル59発、アフガンには「爆弾の母（MOAB）」と呼ばれる準核兵器級の爆弾を。ちなみにトマホークミサイルは1発約1億円、そして「爆弾の母」が実戦で使用されたのはこれが初めてだ。シリアとアフガンにミサイルを撃ち込んだ後、トランプ大統領は記者会見でこう宣言する。「俺はオバマと違う。やるときはやる」。そしてこう続けたのだ。「小さなロケットマンよ、次はお前だ」（写真9)。

アメリカの空母が朝鮮半島に向かう。ちょうど森友問題で支持率が急落していた安倍首相はテレビの前で危機をあおる。「北朝鮮に最大限の圧力を加える」。小野寺五典防衛大臣も「先制攻撃を視野に入れた対応」などと言い始める。トランプ大統領と安倍首相が仲良くゴルフをして帽子を交換した後(**写真10**)、米国製の武器が日本に販売されていく。とんでもない軍拡路線が、北朝鮮危機を口実に既定路線になっていくのだ。

(写真9)北朝鮮を挑発するトランプ大統領

しかし現実は違う。危機をあおるだけあおっておきながら、トランプ大統領は北朝鮮にミサイルを撃ち込むことはない。対話による解決を目指すしかない。なぜか? 以下分析する。

1. シリア、アフガンには米国に反撃する能力はない。そしてシリア、アフガンには米国人は住んでいない。だからミサイルを撃ち込んでも米国は安泰。

2. もし北朝鮮を先制攻撃すれば、ソウルまで50キロ。反撃能力がある北朝鮮は「ソウルを火の海にする」と言っている。日本の米軍基地に届くミサイルも持っている。

3. ソウル周辺には米兵が約3万人もいる。家族を含めれば4万人程度になるだろう。アメリカのビジネスマンは約20万人だ。トランプ大統領の決断で戦争が始まれば、アメリカ国籍を持つ人々が

（写真10）仲良く帽子交換

大量に犠牲になる。するとアメリカ国内でトランプの責任を問う声、怨嗟の声が爆発し、トランプ大統領は罷免されてしまうだろう。ただでさえロシアスキャンダルなどで「4年もたないかも」と言われている身なのだ。

4．もし本当に攻撃するなら、米兵とその家族を全て帰国させてからである。しかしソウルやテグで米兵たちはゆったりと酒を飲み、家族でランチを食べていた。つまりアメリカは攻撃するつもりはなかったということだ。

5．北朝鮮を残しておけば、在韓米軍を今まで通り置くことができる。沖縄の基地をはじめ在日米軍も存在意義を保てる。北朝鮮を破壊してしまうと、在韓、在日米軍基地はいらない、という世論になる。特に韓国でその運動が激しくなるだろう。「原子力ムラ」が原発ビジネスに群がっていたように、「戦争ムラ」「安保ムラ」の利権に群がる人々は、北朝鮮をつぶさずに危機をあおっていた方が得だと考えているはず。ただ大統領は国家予算のことを考える。だから「対話している間は、米韓軍事演習を中止する」と発表した。その理由は「お金がもったいないから」。つまり今後は日韓の税金で戦争ビジネスを継続せよ、といってくるはずだ。「北朝鮮を生かさず殺さず」にすることで、日韓の市民からずっと血税を吸い上げることができるのだ。冷静に分析すると安倍首相やトランプ大統領の一連の言動は「マッチポンプ」、つまり北朝鮮の脅威を煽っているだけで実際に戦争することがないことがわかる。

2017年はミサイル危機をあおりたてた年として、歴史的に語り継がれる年になるかもしれない。Jアラートを鳴らし、子どもたちに避難訓練をさせて（写真11）、東京では地下鉄が止まった。地上の山手線は走っていたが（笑）。そして政府は4億円もかけて「ミサイルが飛んできたらサイレンが流れます」というCMを流していた（写真12）。税金で危機をあおる。これは政府にとって一石二鳥だ。①北の脅威をあおれば武器が売れる。②モリカケ問題、日報隠蔽問題から国民の目をそらすことができる。③税金をCMという形でテレビ局に投入することによって、さらにテレビ局が総理官邸に忖度する。そもそも北朝鮮が本当に脅威なら、なぜ日本海側の原発を

（写真11）Jアラートによる避難訓練

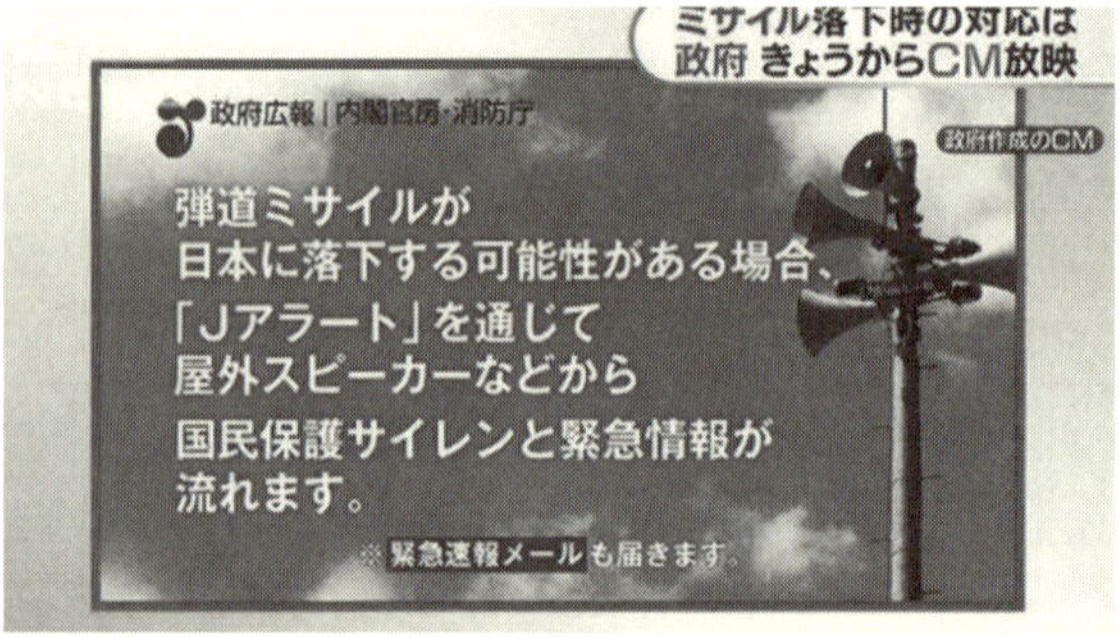

（写真12）政府のJアラートCM

再稼動させるのか？　原発に関しては「安全だ」と言い、北朝鮮に関しては「今すぐ攻めてくるかもしれない」と危機をあおる。ダブルスタンダードに騙されてはいけない。

中国やロシアの事情もある。北朝鮮がなくなると中朝国境まで韓国になる。つまりすぐそばまで米軍基地がやってくる。だから「緩衝地帯」として潰さないほうがいい。日本は森友・加計問題で大変だ。北朝鮮がいてくれるから支持率が下がらない。いてくれないと困る。韓国は、もしなくなると大量の難民が押し寄せる。だから潰さないほうがいい。つまり周辺国の全ては「北朝鮮はこのままでいい」と考えているのだ。

（写真13）安倍首相は「抑止力」という言葉をよく口にする

「抑止力」信仰のウソ

武器を売るもう1つの理由が「抑止力」だ。相手がミサイルを1発持てば、こちらは10発持てばいい。そうすれば相手は怖がって撃ってこないだろう。トランプ大統領も安倍首相もよくこの言葉を口にする（写真13）。

図7は世界平和力指数だ。イギリスの「経済平和研究所」が毎年1回、ランキングを発表している。「内戦が起きていないか」「テロ事件があったか」「ジャーナリストに危害が加えられていないか」など様々な指標からその国の平和度を数値化しているのだ。10年前までベストスリーに入っていた日本が、やはり安倍内閣に

なってから順位をどんどん落としていって、2018年は9位まで下がってしまった。アメリカは121位で平均よりもかなり下である。「相手よりもたくさんミサイルを持てば…」という抑止力論が本当に機能していれば、アメリカは常に1位のはずだ。ところがずっと下位に沈んでいるのである。

これはどういうことか？

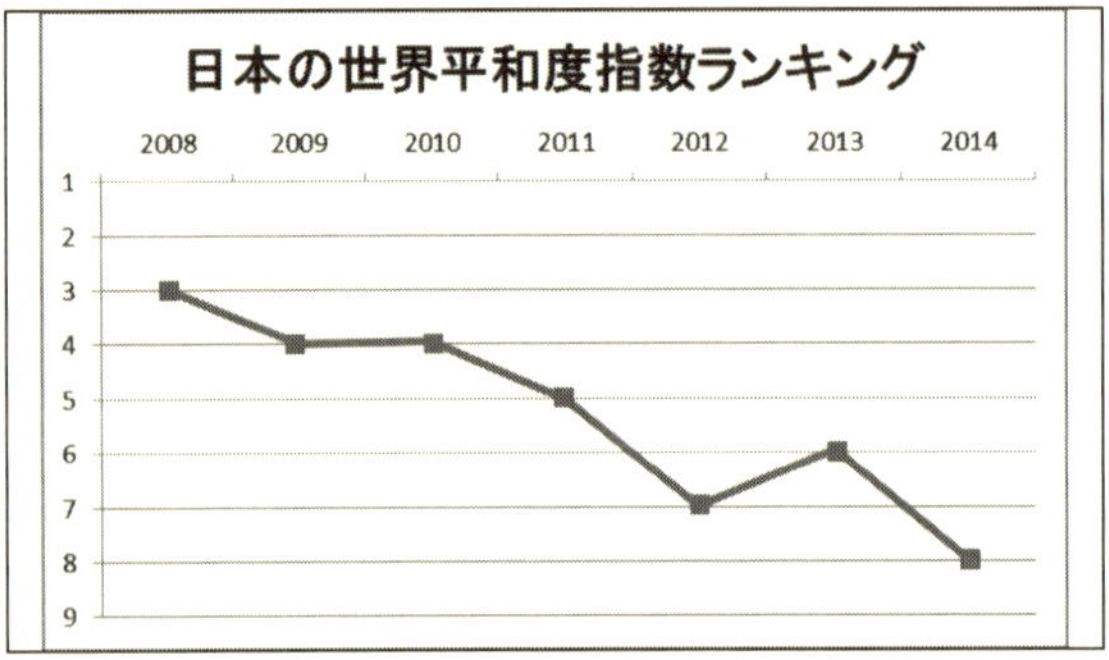

（図7）日本の平和度指数は下がり続けている

110位	コートジボワール	2.207	↑ +11	アフリカ
111位	グアテマラ	2.214	↑ +6	中南米
112位	中国	2.243	↑ +4	アジア
113位	タイ	2.259	↑ +7	アジア
114位	タジキスタン	2.266	↑ +4	ヨーロッパ
115位	ジブチ	2.269	↓ -8	アフリカ
116位	エルサルバドル	2.275	↓ -1	中南米
116位	ギニアビサウ	2.275	↑ +6	アフリカ

（図8）軍事費世界2位の中国の平和度指数は112位

「武器をたくさん持てば持つほど、使えば使うほど、報復されて危険になる」。これはアメリカだけではない。軍事費世界2位の中国が112位、3位のロシアに至っては154位で最下位クラスに沈んでいる（図8）。逆に言えば武器を捨てて話し合った国が平和度を上げている。つまり抑止力というのはウソッパチで、平和憲法9条の精神つまり軍隊を持たず、外交で平和を保つという姿勢こそが平和度を上げているということだ。

最後にナチスのナンバー2、ヘルマン・ゲーリングの言葉を紹介する（図9）。

「もちろん人々は戦争を望みません。これはイギリスでもアメリカでもドイツでも同じことです。しかし人々は常にリーダー

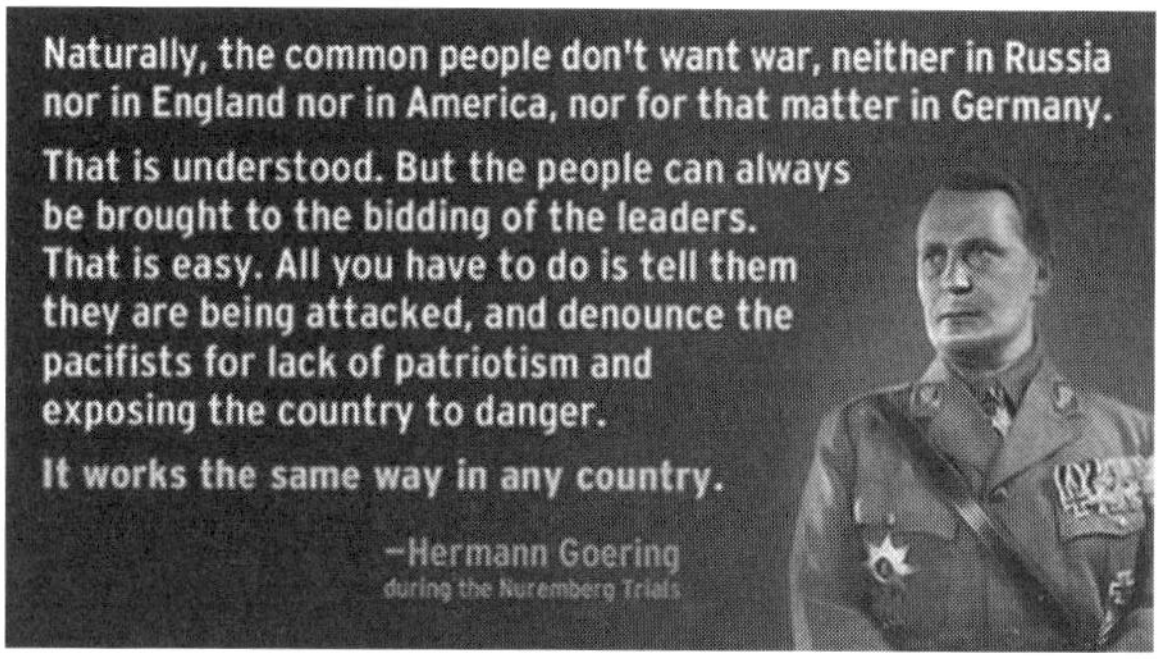

（図9）ヘルマン・ゲーリングの「名言」

に影響されてしまうのです。簡単なことです。国民に向かってわれわれは攻撃されかかっているのだとあおりたてて、平和主義者に対しては、『お前たちは愛国心が欠けている、お前たちが国を危険にしているんだ』と非難すればよいのです」

そして最後にこう付け加えている。

「そしてこの方法は、どんな国でもうまくいきますよ」

第3章 大虐殺の背景にヘイトスピーチ〈ルワンダ〉

「アフリカの奇跡」の国で…

2018年2月、南スーダン取材を終えてルワンダへと飛んだ。（地図1）飛行時間は約2時間。広大なビクトリア湖が下界に広がる。青い湖水に小さな島が浮かび、湖岸には緑の森が広がっている。絵葉書のような景色を楽しんだ後、キガリ国際空港に到着する。

（地図1）ルワンダはアフリカの小さな国

「涼しい！」。南スーダンのジュバは連日40度超えの酷暑だった。首都キガリは標高1600メートルの高地にあり気温20度、天国だ。四国の約1・4倍しかない小国ルワンダ。冷涼な気候で緑が豊富なルワンダは、アフリカで一番人口密度の高い国。近年目覚ましい経済発展を成し遂げ、治安も良い国だ。「世界で最も安全にマウンテンゴリラと出会える国」と観光客にも大人気で女性国会議員の比率も世界一だ。人々はそんなルワンダを「アフリカの奇跡」と呼ぶ。一見すると「いいことだらけ」のルワンダ。だが、わずか4半世紀前、そんな小国で「20世紀最後の大虐殺」が起きてしまった。いったいなぜなのか？　本章ではルワンダ大虐殺事件の詳細とその原因について、知り得た事実を報告したい。

「ルワンダ虐殺記念館」はキガリ中心部からタクシーで30分、緑豊かな山のふもとに建っていた。入場料は無料だがカメラ撮影は20ドル、音声案内には15ドルを支払わなければならない。この記念館は2004年、虐殺から10年目に政府が建てたものだ（**写真1**）。記念館の裏手が墓地になっていて、ここだけで25万人もの霊魂が眠っている。

（写真1）ルワンダ虐殺記念館

（写真2）植民地時代の展示コーナー

100日間で100万人以上

ルワンダ大虐殺は1994年4月～7月にかけて勃発した。100万人以上！　1日1万人、1時間で400人、1分間に7人が延々と殺され続けたのだ。なぜこんな悲劇が？

その謎を解くためにはこの記念館に入らねばならない。片手に音声案内、片手にカメラを抱え、さあ取材開始だ。

（写真3）国民は1つだった

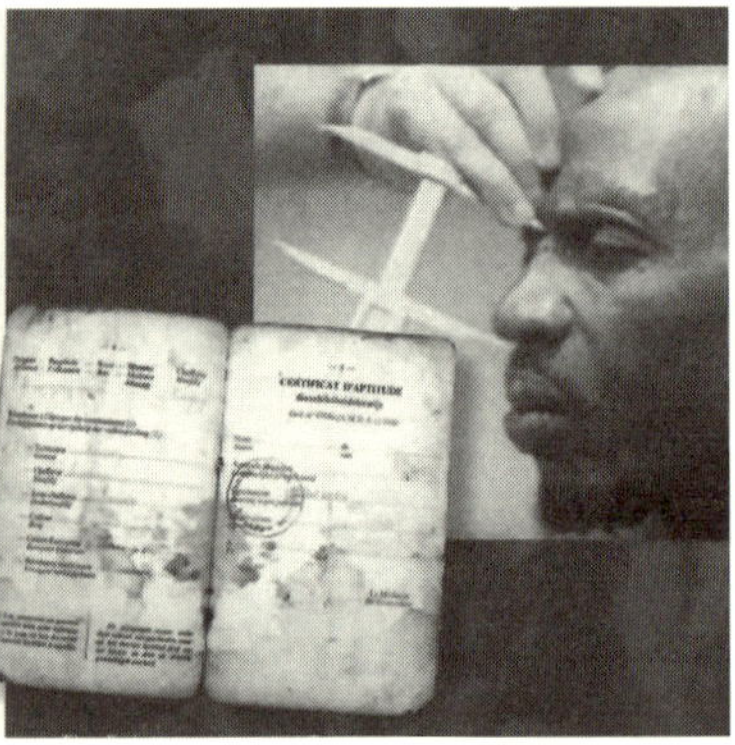

（写真4）ベルギーが鼻の高さで民族分類した

薄暗い階段を下りていくと、最初の部屋に「コロニアル・タイム」（植民地時代）の看板（写真2）。1800年代、ルワンダを最初に「発見」したのはドイツで、第1次世界大戦まで「ドイツ領東アフリカ」だった。しかしドイツの敗戦を受けて1918年からはベルギーの委任統治となる。新たな支配者ベルギーは、国民を分断して間接的に統治した。人々はそれまで多文化共生、様々な違いを超えて仲良く暮らしていた。部族間の結婚も珍しいことではなかった。「ワンピープル、ワンピープル（国民に違いはなく、1つだった）」備え付けのTVから映像とともに解説の音声が流れている（写真3）。

1932年にベルギーはIDカードを導入する。合計で18あった部族のうち、肌の色、鼻の高さでフツ族、ツチ族に分けて行った（写真4）。その上で、人口の14%で少数者のツチに牛を10頭以上、85%と多数者のフツに10頭以下を与えた。この法律はツチ、フツの子孫にも適用された。ベルギーはこの国の支配者として身長と鼻が高く、ヨーロッパ的な少数派のツチを選んだのだった。

次の部屋には「デバイデッド・ソサエティー（分断社会）」の看板がかかっている。展示物を読み込み、テレビからの映像を撮影する。1959年にツチ族出身の国王が死去。ルワンダは混

（写真6）学校で疎外されるツチ族の子どもたち（右側最前列）

（写真5）フツ族のカイバンダ大統領が就任

（写真7）民兵組織インテラハムエに入る若者たち

乱期に突入する。それまでの支配者ツチが、抑圧されていたフツに虐殺される事件が勃発する。1961年に普通選挙が実施され、多数派のフツが勝利。ここで支配関係が逆転する。そして「フツ族の解放」を唱えたカイバンダが初代大統領に就任した（写真5）。カイバンダは「フツとツチは違う、一緒に住むな。ツチに同情するな」と演説した。

1961年、ルワンダ独立。カイバンダによる1党独裁政治の下でツチが虐殺され、難民が続出する。1973年、ルワンダ・クーデターが勃発。権力を握ったハバリマーナ大統領は、より巧妙で強烈なツチ差別・弾圧政治を進める。ツチの子どもは学校で疎外され（写真6）、若者はインテラハムエという民兵に組織されていく（写真7）。そしてこのインテラハムエこそ、後の大虐殺の実行者になってしまうの

（写真8）ミッテラン仏大統領とハバリマーナ

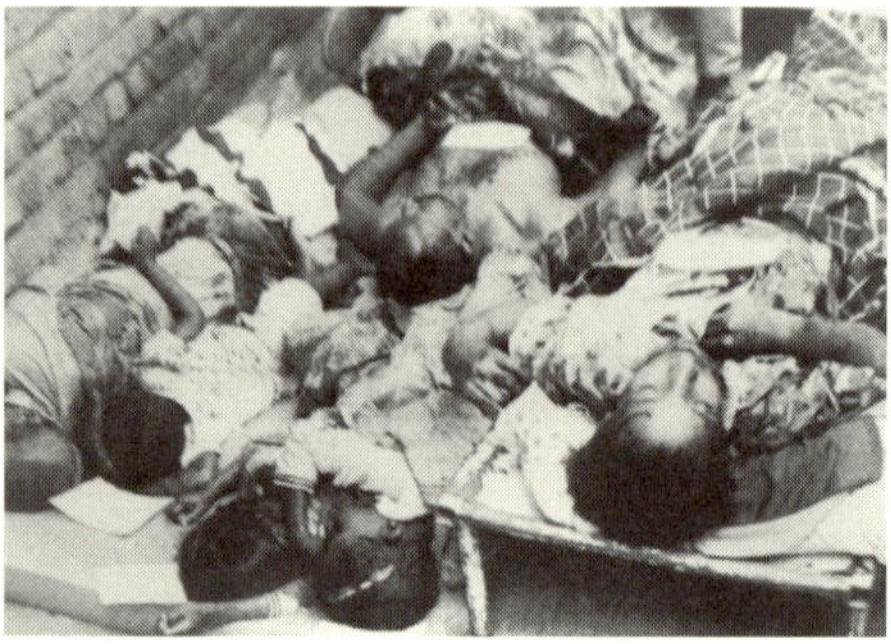

（写真9）1992年ブゲゼラで大虐殺の兆候が

だ。このころフランスはハバリマーナ大統領を支援する。写真８はミッテラン大統領（当時）が１９９０年にルワンダを訪問した時のもの。一方、隣国ウガンダやタンザニアに逃げたツチの難民たちは70万人に膨れ上がっていた。このツチ難民の中からルワンダ愛国戦線（ＲＰＦ）が結成され、１９９０年10月、ルワンダ国内に進出し、ツチの逆襲が始まる。

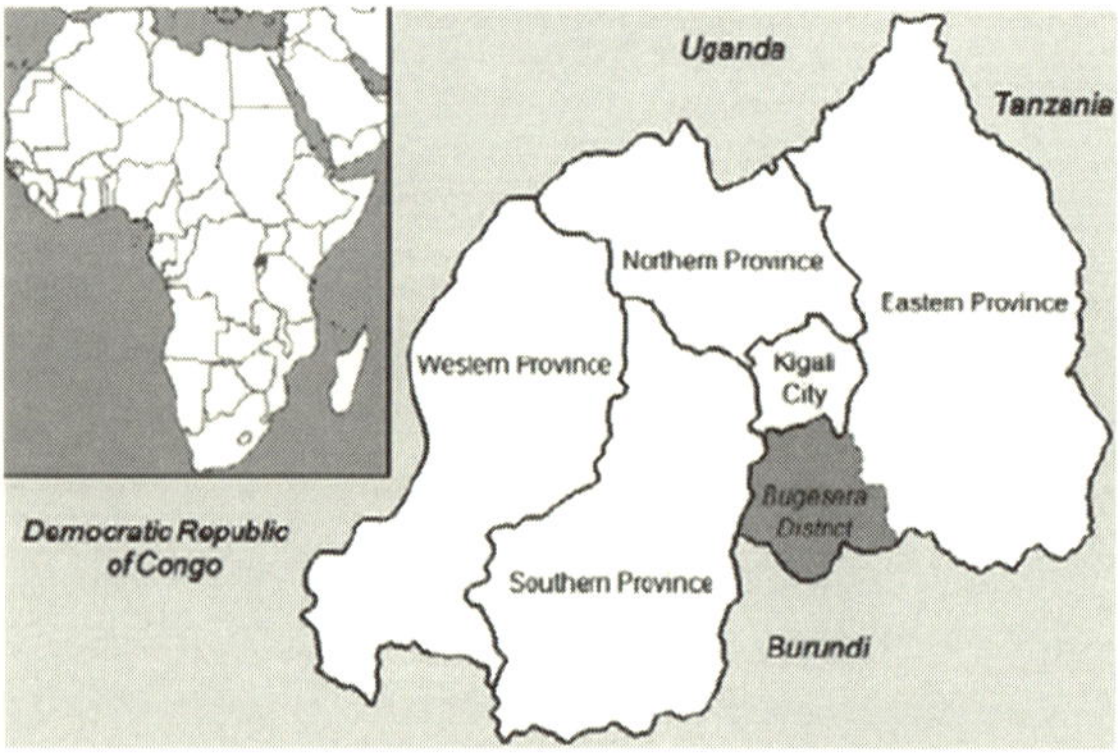

（地図2）首都キガリの南方にブゲゼラ県がある

国連ＰＫＯ部隊が駐留したが

一気に緊張が高まったルワンダ。焦ったフツ独裁政権は南部の都市ブゲセラでまたも虐殺事件を引き起こしてしまう（写真９、地図２）。事態は緊迫し、国際社会はタンザニアのアルーシャで和平会議を開催する。１９９３年８月、ルワンダ政府軍（フツ）と愛国戦線（ツチ）の間でアルーシャ協定が結ばれ

（写真11）ヘイトを煽った「カングラ新聞」の編集長

（写真10）プロパガンダのコーナー

る。ルワンダ政府軍を支援していたフランス軍が撤退し、代わりに国連PKO部隊が国内に駐留。フツとツチの混合された移行政府が設立されることになった。

しかし、ハバリマーナ大統領はこの協定を守らなかった。その原因はフランスだった。フランスは虐殺が起きてからも政府軍を支援し続けていた。なんとウルトラ右翼政権に1200万ドル（約13億円）もの武器供与を行っていたのだ。軍産複合体は大儲けしていたことだろう。強大化した軍を持ったハバリマーナは、内戦に勝つ自信があったのでアルーシャ協定を守らなかったのだ。

「フツの10カ条」というヘイトプロパガンダ

次の部屋には「Propaganda（プロパガンダ）」の看板がある（写真10）。「カングラ新聞」の編集長ハッサン・ヌゲゼ（写真11）の下に「フツの10カ条」という一覧表がかかっている（写真12）。

この新聞に掲載された「ヘイト記事」は次のようなものだ。

①すべてのフツは「ツチの女性が子を産めばツチが強化されてしまう」ということを認識せよ。だから、ⓐツチ女性を妻にした者、ⓑ愛人を囲った者、ⓒ家政婦として雇った者は裏切り者とみなす。

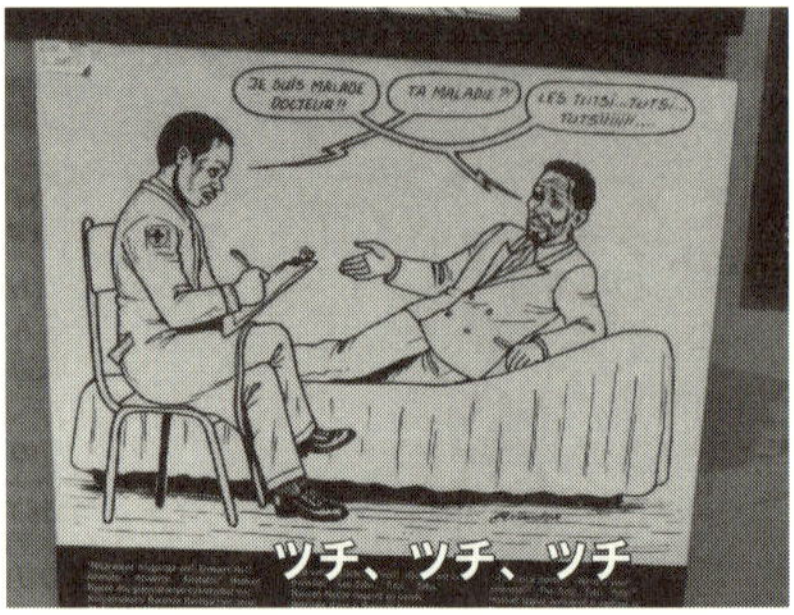

（写真14）ツチ、ツチ、ツチ、

（写真13）ツチ族はゴキブリだ

The Hutu Ten Commandments

(published in Kangura in 1990)

1. All Hutus must know that the Tutsi woman, wherever she may be, is serving the Tutsi ethnic group. In consequence, any Hutu who does the following is a traitor:
   - Acquires a Tutsi wife
   - Acquires a Tutsi mistress
   - Acquires a Tutsi secretary or dependent
2. All Hutus must know that our Hutu daughters are more worthy and more conscientious in their role of woman, spouse and mother. Are they not more beautiful, good secretaries and more sincere!
3. Hutu women, be vigilant and bid your husbands, brothers and sons to come to their senses.
4. All Hutus must know that the Tutsi is dishonest in business. His only goal is ethnic superiority.

WE KNOW FROM EXPERIENCE

In consequence, any Hutu who does the following is a traitor:

- whoever makes alliance with a Tutsi in business
- whoever invests his money or state money in a Tutsi company
- whoever lends money or borrows it from a Tutsi
- whoever grants favors to Tutsi in business (granting of import license, bank loans, building parcel, public tender offers...)

5. The strategic political, administrative, economical, military and security positions must be reserved for Hutu.
6. The education sector (students, teachers) must be of the Hutu majority.
7. The Rwandan Armed Forces must be exclusively Hutu. The war experience in 1990 teaches us this lesson. No military man should marry a Tutsi woman.
8. Hutu must stop taking pity on Tutsi.
9. - Hutu, wherever they are, must be united, interdependent and worried about their Hutu brothers' fate.
   - Hutu from the inside and outside of Rwanda must constantly look for friends and allies for the Hutu Cause, beginning by their Bantu brothers.
   - They must constantly oppose Tutsi propaganda.
   - Hutu must be strong and vigilant against their common Tutsi enemy.
10. The Social Revolution of 1959, the 1961 referendum and Hutu ideology must be taught to all Hutu and at all levels. All you Hutu must widely spread this message. Any Hutu who persecutes his Hutu brother for having read, spread and taught this ideology is a traitor.

（写真12）フツ族の11カ条

②フツの娘はフツ族を繁栄させる。女性、妻、母として役割を果たせ。美しくなくてもいい。忠実になれ。
③フツ女性は用心深く、夫、男兄弟、息子に従わねばならない。
④ツチは商売上手で金銭に汚い。だから、ⓐツチと商売をする者、ⓑツチの会社に投資する者、ⓒツチに金を貸した者は裏切り者とみ

なす。
⑤政治、経済、軍隊はすべてフツのためにある。
⑥学校はフツのものである。
⑦ルワンダ軍はフツだけで構成する。軍人はツチと結婚してはならない。
⑧フツはツチに同情してはならない。
⑨フツは団結しなければならない。そしてツチの宣伝に騙されてはならない。
⑩すべてのフツはこの10カ条を全国各地に拡散せよ。

（写真15）ラジオでヘイトスピーチを拡散したフェルナンド・ナヒマーナ（左）

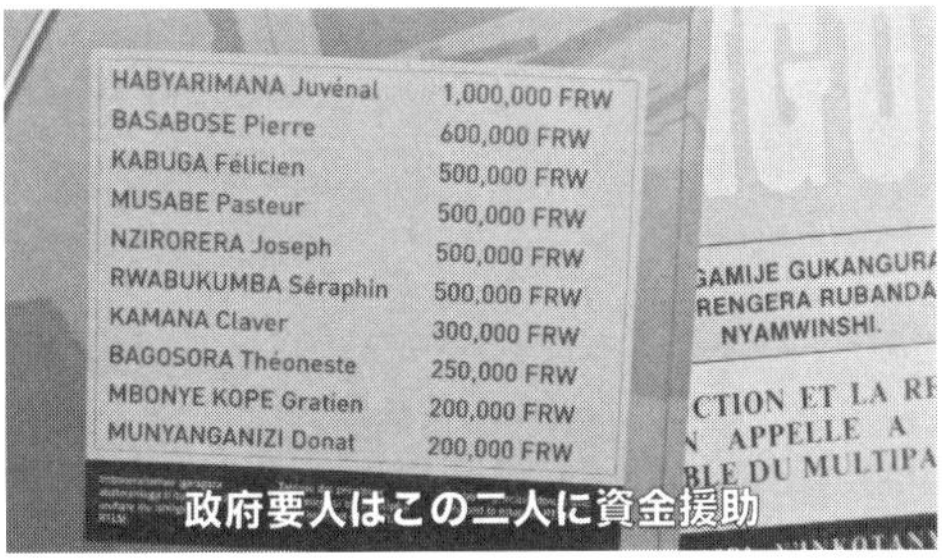

（写真16）一番上にハバリマーナの名前がある

この10カ条、例えば「女性は夫、息子に従え」という③は戦前の天皇制下の教育そのもので、④の「ツチは商売上手で金銭に汚い」はナチスのユダヤ人蔑視政策と似通っている。「カングラ新聞」にはイラストも載せられていた。「ツチはゴキブリだ、進め進め」（写真13）、「病気になりました」「症状は?・」「ツチ、ツチ、ツチ」（写真14）。

こんな馬鹿げた記事が人の心を捉えたのだ。ヘイトを侮ってはいけない。当時は

（写真18）ロメオ司令官は虐殺を止めようとしたが…

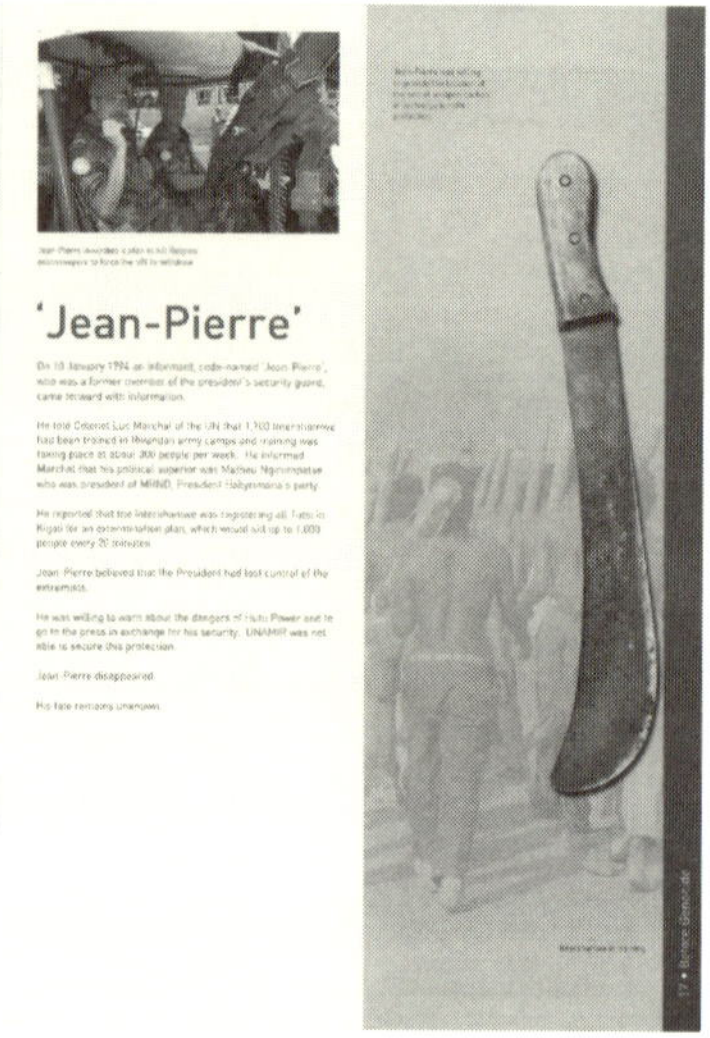

（写真17）「内通者」ジーン・ピューレの忠告を聞いておけば…

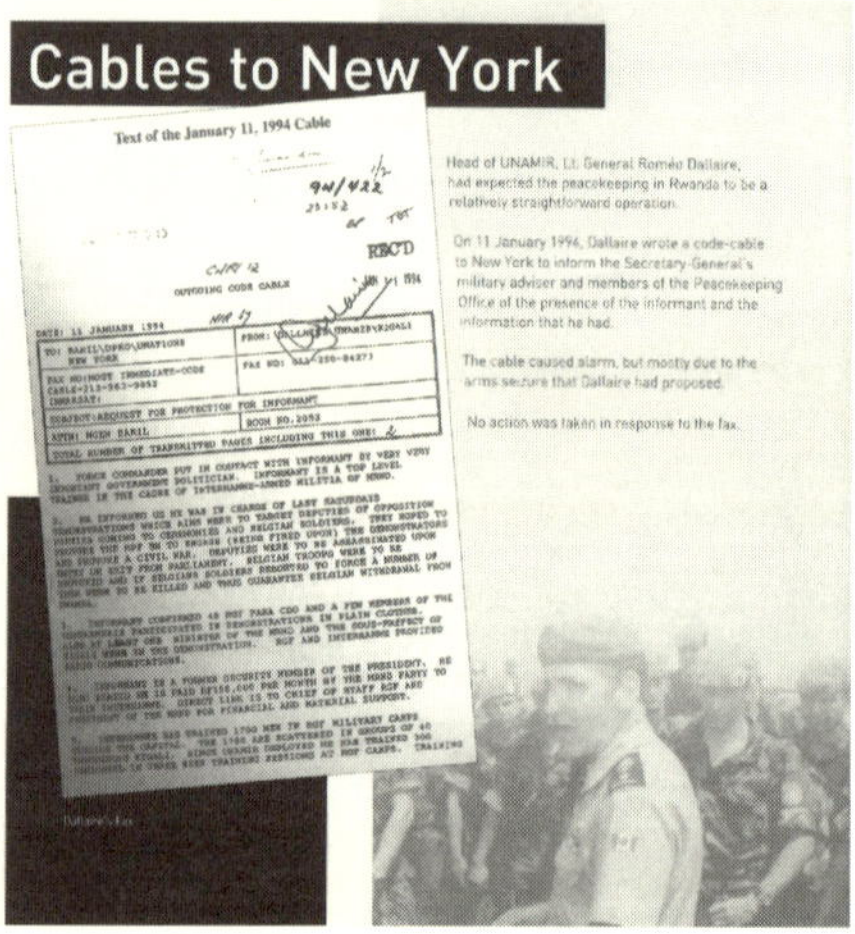

（写真19）国連へ（ニューヨーク）は動かなかった

文字を読める人が少なく、テレビは普及していなかった。そこで力を発揮したのがラジオだった。「ラジオ・ミルコリンズ」のディレクター、フェルナンド・ナヒマーナ（写真15）が、「カングラ新聞」のヘイト記事をラジオで拡散する。このヘイトスピーチで首都キガリは憎悪のるつぼとなった。そして人々はラジオから流れるプロパガンダに恐れおののく。

「今、ツチを殺さなければ、今度はフツが殺されてしまうぞ！」

　このラジオ局に政府が多額の献金をしていた（写真16）。一番上にハバリマーナの名前が見える。権力者はメディアをコントロールしたがるものだ。日本でも「みなさまのNHK」か「アベ様のNHK」

（写真20）インテラハムエが次々に襲いかかった

（写真21）逃げ込んだ教会も襲われた

かと揶揄されているではないか（苦笑）。

インテラハムエの大虐殺

次の部屋からいよいよ虐殺の年、１９９４年に突入する。「Jean-Pierre」と大書された看板がある（**写真17**）。「ジーン・ピエーレ」は暗号名で、この人はフツの民兵組織インテラハムエのメンバーだった。94年1月、彼は秘密裏に国連ＰＫＯに情報を流す。「政府軍とインテラハムエが虐殺名簿を用意している。いますぐ国連が動かなければ、20分間に千人ずつ、ツチとフツの穏健派が殺されるだろう」。この情報に接した国連ＰＫＯのロメオ司令官（**写真18**）は、すぐさまニューヨークの国連本部にファックスを送る（**写真19**）。しかし国連本部は動かなかった。命をかけて内部告発してくれた「ジーン・ピエーレ」はその後行方不明になった。

そして運命の１９９４年4月6日。ハバリマーナ大統領を乗せた飛行機がキガリ国際空港へ着陸寸前に何者かのロケット弾攻撃で撃墜され、大統領が死亡した。「ラジオ・ミルコリンズ」は根拠なく「ツチの仕業だ」と騒ぎ立てる。そして…。

翌日から大虐殺が始まったのだ。山刀（マチェーテ）を持ったインテラハムエが、次々と人々を斬り殺していく（写真20）。逃げ惑う人々、追いかける殺戮者。虐殺は「捕まったら殺される鬼ごっこ」のようだった。夜明けからインテラハムエが「ツチと穏健派フツ刈り」にやってくる。人々は必死で逃げる。教会に逃げた人々は集団で殺された（写真21）。教会も危険だと悟った人々はその他の場所に逃げる。森やブッシュの中へ身体を隠す者、川に飛び込む者、ひたすら平原を走って逃げる者…（写真22）。やがて街は死臭で充満する。日没になるとその日を逃げ通した人々は山の中で一夜を過ごす。そして明日の夜明けから、また「鬼ごっこ」が始まる…。このようにして100日間で100万人以上、毎日1万人が延々と殺され続けた。

（写真22）川の中の犠牲者

国連PKO部隊にも被害が続出する。政権の中にも穏健派フツがいた。穏健派フツの政治家たちを護衛するためにPKOベルギー軍が派兵された。かつての支配者ベルギー軍の兵士10名が、インテラハムエによって虐殺されてしまう。「5千人の兵士を追加派兵してほしい。そうすれば虐殺を止めることができる」。ロメオ司令官はニューヨーク国連本部に電話した。本部には後の事務総長になるコフィー・アナンもいた。しかし彼らは動かなかった。それどころか、「ルワンダは危険だ」と兵を引き上げてしまったのだ。その結果、虐殺が延々と続く。「ルワンダ愛国戦線」（RPF）が首都キガリに到着する7月まで、誰も虐殺を止めることはできなかった。

ヘイトスピーチを侮ってはいけない

ヘイトスピーチは恐ろしい。日本でも関東大震災の時に「朝鮮人が井戸に毒を投げ入れた」という根拠なきウワサを信じた人々と治安警察が、朝鮮人や共産主義者を虐殺してしまった。21世紀の今でも、例えば「在日特権を許さない市民の会」（在特会）が、東京や大阪でヘイトスピーチを繰り返している。ジャーナリストの安田浩一氏が「在日朝鮮・韓国人の特権って何ですか?」とデモをしている在特会メンバーに尋ねると、「在日の人々は名前を2つ持っていてズルい」とか「在日の人々は生活保護を受給しやすい」などと答えたという。彼らは日韓併合の歴史、朝鮮半島の人々を差別し、創氏改名で無理やり日本名を名乗らせてきた歴史を知らないのだ。もちろん、すべて人は「法の下に平等」なので、生活保護を受給しやすい、というのもデマだ。

この種のデマやフェイクニュースは主にネットの世界に広がっている。ネット空間において、同じ主張の者同士で「いいね」と称えあったり、アベ政治に反発する人々を「ブサヨ」（ブサイクな左翼のことか?）と

（写真23）ツチの体内にはミルクが流れていると…

蔑んだりして、盛り上がっているというのだ。ヒトラーが出てきた時、ドイツの知識人たちは「どうせ、一時の現象。すぐに熱は冷める」と軽く見ていたそうだ。大阪における「ハシモト現象」を経験してきたものとして、繰り返しになるが「ヘイトスピーチを侮ってはいけない」と感じる。

風化させず、記憶し、教訓に

次の部屋に虐殺を生き抜いた人々の証言映像が流れていた。その中に父親を殺された女性の証言があった。「インテラハムエの民兵が父を殺害した後、彼らは遺体を2つに引き裂きました。『ツチの体には血ではなくミルクが流れている』というプロパガンダを信じて、確かめたのです」（写真23）。もちろん、出てきたのは真っ赤な血だった。インテラハムエはその遺体を川に投げ捨てたという。

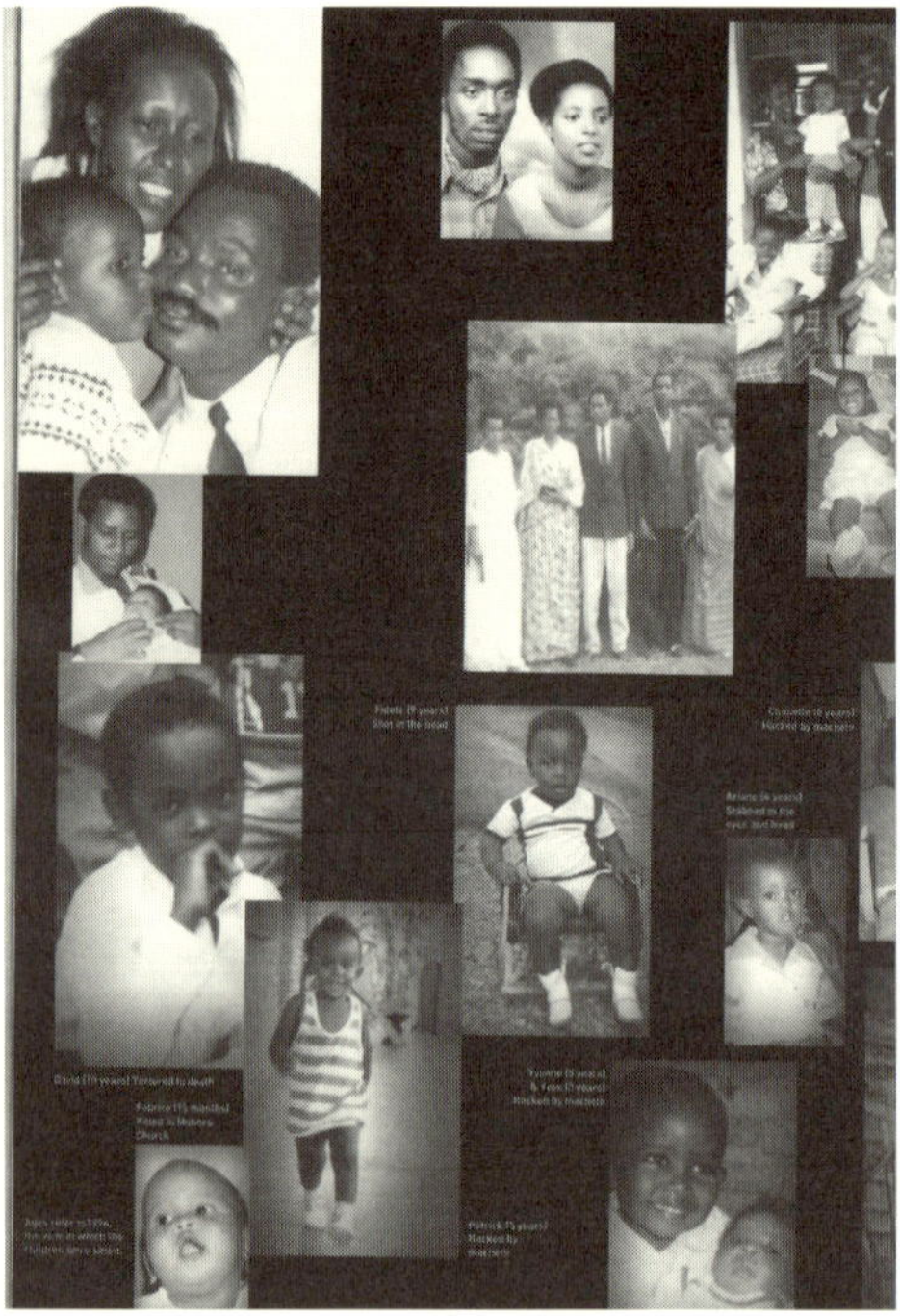

（写真24）殺された人々のスナップ写真

最後の大部屋には虐殺された無数の人々のスナップ写真が飾られていた（写真24）。中にはご夫婦で写っている写真も。おそらく結婚式の時のものだ。

次の部屋には頭蓋骨が並んでいた。

頭頂に穴が空いたものが目立った（写真25）。民兵たちはマチューテ（山刀）を振りかざして殺害した。もちろん銃で撃ち殺すのも残酷なことだが、「殺さないで」と懇願する人の頭上から刀を振り下ろして殺害することは、よほど憎しまないとできないことだ。そして生き延びた人々は難民になり、子どもたちは孤児になった（写真26）。

ルワンダ愛国戦線（RPF）がキガリを制圧して、今度は虐殺した側、フツの過激派たちが隣国コンゴやウガンダへ逃げた。インテラハムエに参加した若者たちの多くは刑務所へ入れられたが後に釈放され、キガリに戻ってきている。

現在のルワンダ政府はIDカードを廃止して、互いに民族名を名乗ることを禁止した。そして冒頭に記したように目覚ましい経済発展を遂げて、「アフリカの奇跡」と呼ばれるようになった。大虐殺から25年が経過しようとしている。風化させず、記憶し、教訓にするべき時が来ている。

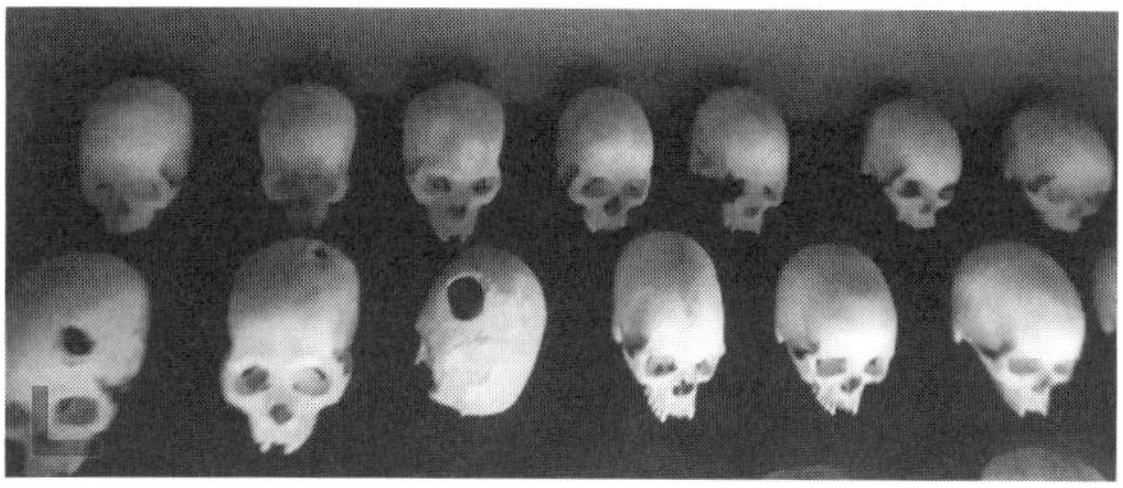

（写真25）殺害された人々の頭蓋骨

（写真26）生き残った人々は難民や孤児になった

武器使用も辞さず、介入して戦う国連PKOへ

ルワンダ大虐殺事件を受けて、国連はPKOの方針を大転換した。それまでPKO部隊の主な任務は「停戦の監視」で、主体的に武器使用をすることはなかった。しかしこの苦い教訓から、国連PKOの主な任務は「住民の保護」になった。つまり必要なら「武器使用も辞さず、介入して戦う」ことに変化したのだ。

南スーダンの自衛隊派兵では、与野党は「PKO参加5原則」で議論を戦わせてきた。5原則、つまり、①紛争当事者間での停戦合意の成立、②紛争当事者の受け入れ合意、③中立性の厳守、④上記の原則が満たされない場合の撤収、⑤武器の使用は必要最低限、である。

国会では①が満たされず、内戦状態なのですぐに撤退せよ、と野党が追及していた。確かにそうだ。南スーダンは内戦に陥っていたので、参加5原則違反であった。しかしこの議論の前に、PKOそのものの性格が変わっているという議論が少なかったように思う。任務が変化しているPKOに自衛隊を送っていいのか、というそもそも論だ。

「憲法9条を持つ日本では、自衛隊は武器を使用できない。だから派兵しない」と国連の要請を断るか、「PKO部隊の任務が変化したので、9条を変えないと送れない。だからもう少し待ってくれ」と回答するか、どちらかなのである。

政府はこの点を曖昧にしたまま、「とにかく形だけ」派兵していたのだ。なんでも曖昧にする日本。そして検証もせず、教訓を生かそうともせず（何しろ日報を隠そうとするくらいだ）、誰も責任を取らない日本。ルワンダ大虐殺と南スーダンへの自衛隊派兵はつながっている。

この教訓を生かせるかどうか。これを曖昧にしたまま次にどこかの国へ自衛隊が派兵される時、その時は自衛官が殺害されるかもしれない。

第4章　内戦と地球温暖化への責任〈ソマリア〉

「ソマリアの子どもを助けてほしい」

2016年8月、私はトルコで起きたクーデター未遂事件を取材していた。古都イスタンブールは観光の名所なのだが、近年、テロ事件やこのクーデター未遂事件などの影響で、観光客が激減。旧市街のブルーモスクやアヤソフィア博物館などもガラガラで待ち時間なし。暇そうなアイスクリーム売りのおじさんや絵葉書を手にした子どもたちの姿に混じって、トルコ人たちが芝生の上でポケモンゴーをしていた。ポケモンはイスタンブールにも出現していたのだ。

ブルーモスク前の停留所で路面電車を待っていたら黒人の母子がやってきた。大きな荷物と子どもを抱えていたので席を譲ってあげた。

「どこから来たの?」

「ソマリアから。今からソマリアへ帰るところ」

「えっ、帰れるの?　危なくない?」

「大丈夫よ。治安はかなり改善されたのよ」

長い間、アメリカに逃げていたこの母子はトルコ経由で故郷に帰還するところだったのだ。母親によると、内戦は続いているが首都モガディシオに関しては落ち着いているという。そして彼女の夫はアメリカの銀行を退職して、先にソマリアに帰っているというではないか。これはチャンスではないか。外務省海外安全ホームページではソマリアは危険度5。ずっと前から真っ赤に塗られたままだったが、これは取材に行けるだろうと確信した。

「ソマリアの子どもを助けてほしい」という彼女の懇願に心を打たれた。メールでのやり取りが始まった。彼女の夫、マハドはすでに首都モガディシオの世界銀行で仕事を始めている。マハドから「ビザは大丈夫。モガディシオ市内なら案内できる」とのメールが到着し、私はソマリアへ入る決心を固めた。

青いインド洋に白い砂浜
平和であれば観光で栄えただろう
（写真1）ソマリアの大地が接近する

いざ、ソマリアへ

「きれいやなー」。ナイロビ発モガディシオ行きの飛行機が高度を下げ、ソマリアの大地が接近する。インド洋の青い海に白い砂浜が続いている（**写真1**）。砂浜の向こうは小高い丘になっていて、そこだけが銀色にキラキラと輝いている。オンボロ飛行機は機体を揺すりながら無事にモガディシオ国際空港に着陸した。

ソマリアはアフリカ大陸の東端、インド洋に陸地が突き出した形の国で「アフリカの角」とも呼ばれている（**地図1**）。モガディシオの空港を出ると兵士だらけ、銃だらけ。護衛の兵士に守られながら市内中心部へ。

「兵士が多いのは仕事がないからだよ。26年間続いた内戦で商工業は破壊され、新たな産業は育たなかった。俺たちは兵士になるか、海外に亡命するしかなかったんだ」（写真2）。通訳のマハドがソマリアの現状を憂う。マハドの英語がネイティブ並みなのは、高校卒業後の1992年に内戦が激化し、アメリカに亡命。以後20年を超える歳月をアトランタで銀行員として働いていたからだ。マハドの案内でモガディシオ中心部をドライブ。町は破壊され尽くしていた。ビルというビルの壁に穴が空いてい

（写真2）街には兵士の姿が目立つ

（写真3）破壊されたホテルの前で

（地図1）アフリカの角、ソマリア

る。レバノンのベイルート、リビアのミスラタもこんな感じだった。
そんな中ひときわ派手に破壊されたビルの前で車を止める。20年前までここはホテルだった（写真3）。ここに難民たちが住み着いている。周囲にイスラム武装組織アルシャハーブがいる可能性があるので、素早くインタビューをする。
洗濯物をしている女性、カリームさん（25）にカメラを向ける。

水道は？

「ないわよ、そんなもの」

水はどうしてるの？

「買ってるの。20リットル入るポリタンクで」

いくらで？

「2000シリングよ」

2000ソマリア・シリングは約10セント（11円）。人々にとっては決して安くない。近年ソマリアは大干ばつに襲われているので水は貴重なのだ。しかし首都でさえ電気はもちろん水道もない。青い海に白い砂浜が広がるモガディシオ。平和であれば水産業や観光業が発達してこの国はもっと豊かになっていただろう。

エチオピアとの戦争から内戦へ

ではなぜこの国はずっと戦争に巻き込まれていたのだろうか。主な原因は欧米列強の植民地政策

（地図2）ソマリア

（地図3）オガデン地方の帰属をめぐって戦争に

だ。第1次世界大戦後、東アフリカ・ソマリ族の土地はその南半分をイタリアが占領し、北半分はイギリス、さらにその北側はフランスが占領し「ジブチ」と名付けられた（地図2）。そして西側の広大なオガデン地方はエチオピアに組み込まれてしまった（地図3）。

1960年にソマリアは独立を果たし、69年に軍事クーデターでバーレ将軍が権力を握る。オガデン地方出身のバーレは「大ソマリア主義」を掲げて民族意識を高揚させる。「オガデン地方はソマリ人のものだ」。1977年、オガデン地方を譲らないエチオピアとの戦争が勃発。エチオピアには旧ソ連とキューバが、ソマリアは米国が後ろ盾になった。米ソの代理戦争となった両国に大量の武器が流れ込む。

1988年この戦争はソマリアの敗北に終わり、大量の武器と民兵が国内に残った。ここでバーレの権威は失墜。やがて内戦が始まり91年末、激しい戦闘の末「統一ソマリ会議」が勝利しバーレを追放。勝利の立役者はアイディード将軍で、暫定政府の大統領に就任するかと思われたが、「統一ソマリ会議」をうまく根回しした実業家のアリ・マハディーが大統領に就任。こ

（写真4）ベリー何日キャンプへ向かう

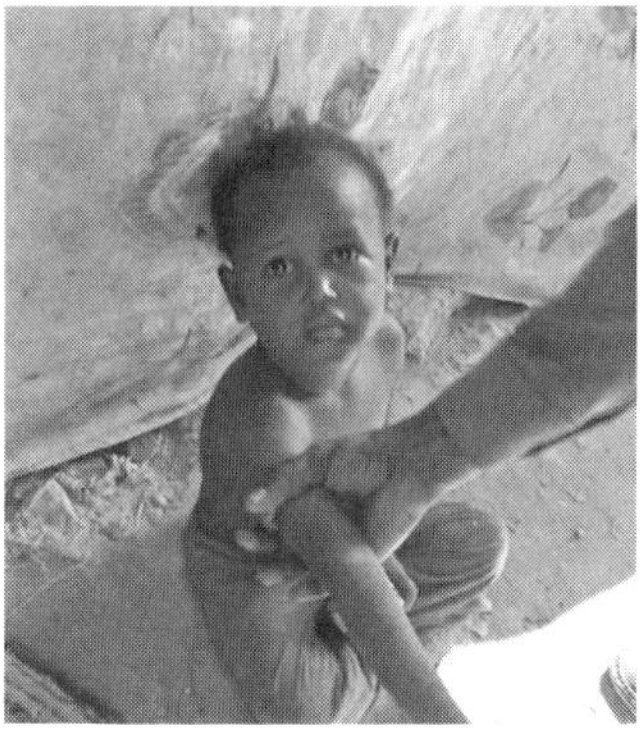
（写真5）栄養失調の子ども

こからアイディードを支持する部族とマハディーについた部族による壮絶な内戦が始まった。

　そしてこの内戦に干ばつが襲ったのだ。92年、国連はＰＫＯ部隊を派遣したが内戦は止まらない。約30万人が餓死する事態となって、国連や赤十字が緊急支援に入る。この時、首都モガディシオの実権を握っていたのが武力に勝るアイディード派。国連や赤十字の支援物資がアイディード派によって強奪され、飢えた住民に届かなくなる。

　93年10月、米軍は軍事作戦に出る。米軍特殊部隊を投入してアイディード将軍を拉致、拘禁しようというのだ。しかし予想以上に将軍の部隊は強かった。数時間で解決すると決行した作戦は…。この作戦は大失敗に終わり、後に「ブラックホークダウン」という名の映画になる。

　その後もこの国では内戦が止まらず、生活に困窮した漁師たちが海賊になり、ソマリア沖やアデン湾を通行する船舶を襲うようになった。２００９年、日本でも「海賊対処法」が成立し、自衛隊がソマリアへ派兵されたことは記憶に新しい。

（写真6）眠る子どもたちにハエがたかる

干上がった大河

ざっとソマリア内戦をおさらいしたところでルポに戻る。通訳マハドの案内でベリー難民キャンプへ（写真4）。粗末なトタン屋根の小屋が延々と続く。飛行機から見えたキラキラと輝く銀色は、この粗末なトタン屋根だったのだ。迷路のような狭い路地にガリガリに痩せた子どもたち。その上腕を親指と人差し指でつまんでみる。直径3センチに満たない。明らかに栄養失調だ（写真5）。

割れた食器に濁った水。幼児がその水を飲む。「衛生状態は最悪だ。ここでは下痢による脱水症状で簡単に人が死ぬ」。通訳マハドの説明を聞くまでもなく、水と食料が絶望的に足らないことがわかる。国連は何をしているのか？　大量の支援物資はどこへ消えたのか？

暑いテントの中で子どもたちが眠っている（写真6）。その顔にたくさんのハエがたかっている。

母親が皮膚病になっている。くるぶしの皮膚が剥けてその下から新しい皮膚がのぞいているが、その皮膚にも大量のハエ。新しい皮膚は水分を蓄えている。そのわずかな水をハエが狙っている。

粗末な共同トイレの周囲に大量の布切れ。水がないので布で拭くのだ。キャンプ内にハエが大量に発生するはずだ。

「内戦がようやく落ちついて治安は少しずつ改善している。だが、もう1つの大問題が忍び寄っている」

「えっ、もう1つの問題って?」

「グローバルウォーミング（地球温暖化）」

21世紀になって急速に進む気候変動。ソマリアではここ数年まとまった雨が降っていない。「エチオピアからソマリアへと流れ出る大河、シャベレ川が干上がってしまった」（地図4）。マハドの説明によると、シャベレ川流域地方では水不足で家畜が死に、農民が土地を捨ててモガディシオに逃げてくるのだそうだ。

想像してほしい、淀川が干上がって高槻市と枚方市がつながっている大阪を。ここではそんな「想定外の事態」が現在進行形で発生している。さっき出会った難民たちは「戦争難民」であり「気候変動難民」であったのだ。

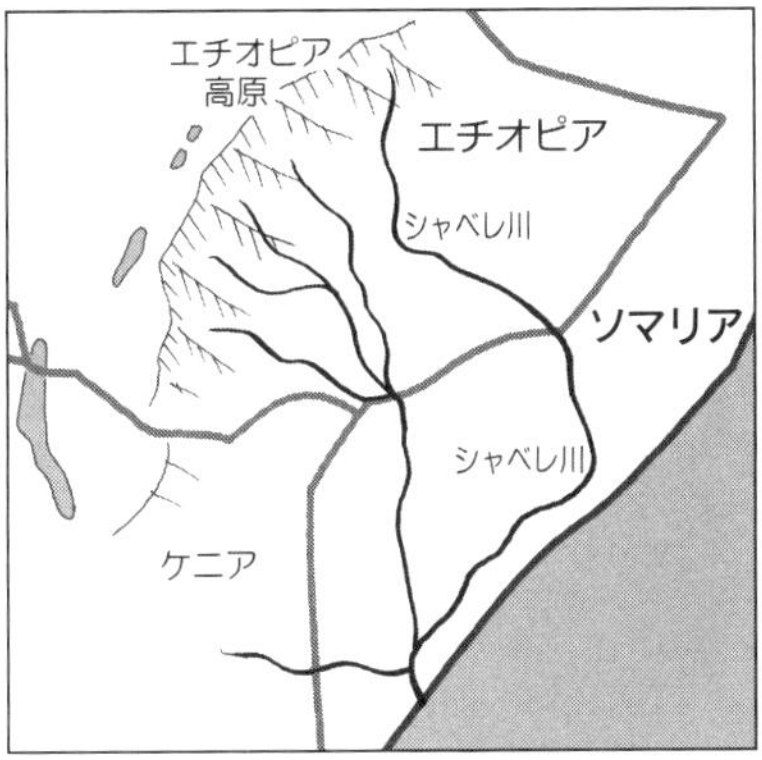

（地図4）シャベレ川流域が干上がった

映画「ブラックホーク・ダウン」の現場へ

次にモガディシオの戦闘現場へ行く。1993年10月、米国クリントン政権はソマリアのゲリラ兵を一掃しようと、一大軍事作戦を仕掛けた。ブラックホーク・ヘリで、市街地に投下された米軍特殊部隊は、ゲリラ兵（アイディード将軍派民兵）を短時間で掃討できるはずだった。しかしゲリラ兵たちは民衆の中に紛れ込み、強力に抵抗した。やがて1発のロケット弾がブラックホークに命中。退路を断たれた米兵たち18名が殺害され、ソマリア人1千人以上が犠牲になった。この作戦は後に映画「ブラックホーク・ダウン」（リドリー・スコット監督、2001年、米国）として世界に紹介された。

「着いたよ、ここだ」。兵士とともにトラックを下車。破壊された米軍の装甲車が転がっている（**写真7**）。戦闘からすでに24年、主人を失った装甲車は今も無造作に放置されていた。当時、米兵の死体がモガディシオの街中を引きずり回される映像が流された。クリントン政権は地上部隊の撤収を決めた。以後、アメリカは2001年のアフガン戦争まで、大規模な地上部隊の投入を避けてきた。国内世論に配慮したのだろう。

（写真7）ブラックホーク・ダウンの現場

（写真8）難民たちに現金を配る

その後もソマリアでは内戦が続き、人々は絶望的な貧困と飢餓にさらされてきた。しかし西側メディアはそんな破滅的危機に陥ったソマリア国民の惨状を伝えることはなかった。イラクもアフガンもソマリアも「戦

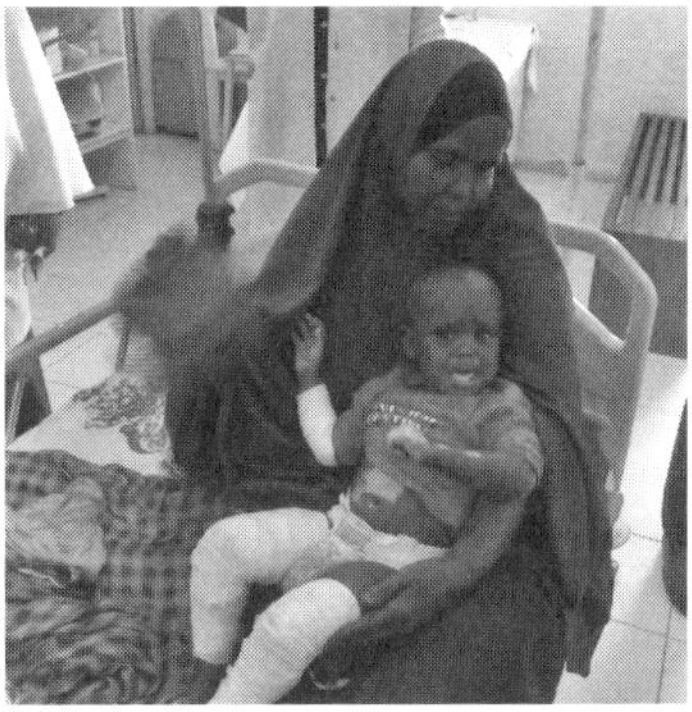
（写真9）火傷を負った子ども

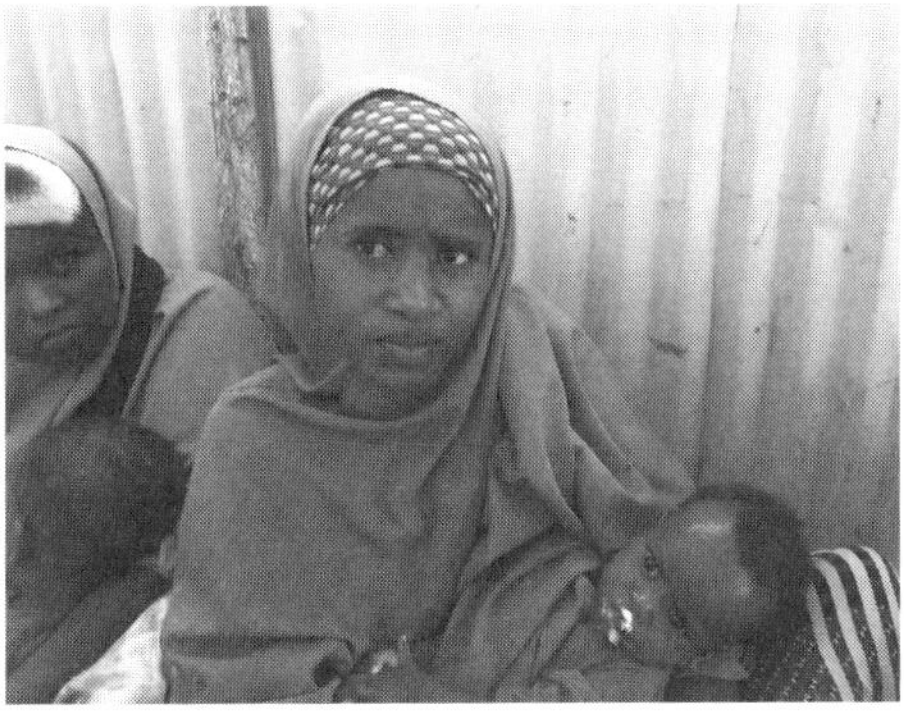
（写真10）母親に抱かれて栄養補助食を食べる子ども

闘行為だけ」が報道され、「普通の市民生活」は報道されてこなかったのだ。

翌日、ベリー避難民キャンプの人々に支援金を配る（写真８）。本当は食料や医薬品にして配布したかったのだが、支援物資が目立つとアルシャハーブ（イスラム過激派）に狙われる可能性がある。それ以上に問題なのは、キャンプ以外の住民も飢えているので、食料配布のニュースが伝わってしまうと、「俺も、私も」と住民が押し寄せてパニックになってしまう。食料などの奪い合いで死者まで出るほどなのだ。だから秘密の倉庫に難民たちを集めて、密かに支援金を配る。こうでもしないと支援できない悲しい現実がある。１家族１００ドル、合計52家族に配布する。「サンキュー、ジャパン」。母親たちの笑顔に救われる。

戦争と温暖化を止めるのは私たちの責任

ソマリア最終日、少し危険だがモガディシオ郊外の村立病院を訪問。ダイニール総合病院はこの地域の人々の命綱だ。ここでの治療費は無料。村の財政は厳しく、満足な薬もベッドもない。国際的支援だけが頼り。火傷の子どもがいる（写真９）。貧困家庭では寝室と台所が一緒。きれいな水がないので、飲料水は煮沸消毒しなければならない。ガスのない家庭ではマキで煮炊きする。子どもがその釜に近寄って熱湯を浴びて大やけどする事例が後を絶たない。

青空の下、赤ちゃんを抱えた母親たちが集まっている。「栄養失調だ」。マハドがつぶやく。きれいな水と食料が不足しているので、母乳が出ないと乳児が死ぬ。国連が配布した栄養補助食が配られる。これがこの子たちの命綱だ（**写真10**）。母親たちはなんとかこの病院までやってくることができたので、赤ちゃんは助かった。ここに来ることのできない遠く離れた村々では、人知れず亡くなっていく子どもが多数いることだろう。

140万人。2017年2月ユニセフはソマリア、南スーダン、イエメン、ナイジェリアの4カ国だけで140万人の子どもが餓死する恐れがあるという警告を発した。戦争と気候変動。地球温暖化の原因は先進国が排出した二酸化炭素にある。そして内戦の種となった武器は先進国が売ってきた。戦争と温暖化を止めるのは私たちの責任だ。

おわりに

高校時代の地学の時間、アフリカと南米がかつて地続きだったことを学んだ。地図を見れば、南西アフリカのくぼみとブラジルの出っ張り、その海岸線がピタッと符合する。「大西洋はこの両大陸が分離してできた海なのです」。先生の言葉に少しばかり興奮した。

2018年5月、その「アフリカのくぼみ」であるアンゴラを訪問した。首都ルアンダの郊外、大西洋を見下ろす小高い丘の上に「アンゴラ奴隷博物館」がある。大航海時代、ヨーロッパからポルトガル人がやってくる。銃剣で武装したポルトガル人たちが現地の人々を襲撃し、身柄を確保して「商品（奴隷）」にした。黒人奴隷たちは港に集められ、船にぎゅうぎゅう詰めにされて、世界で初めてこの場所から南米へと送られたのだった。

アンゴラの首都ルアンダから、ひたすら西へ航海すればブラジルのサルバドール。当時はヨーロッパでコーヒー文化が栄えていた。コーヒーには砂糖が必要、そしてブラジルのコーヒー園とサトウキビ畑では労働力が不足していた。ブラジルを始めとする新大陸でなぜ労働力が不足していたのか？

それは征服者であるポルトガル人やスペイン人たちが先住民（インディオ）を虐殺したからだと思っていたが、歴史書を読むと虐殺よりもヨーロッパ人が持ち込んだ天然痘などの伝染病によって、免疫を持たない新大陸の人々がバタバタと死んでいったからだとされている。

奴隷博物館には奴隷狩りに使われた銃剣や毒矢、奴隷を拘束した手かせ足かせ、奴隷でいっぱいになった船内の様子、巨万の富を得たポルトガル人たちの暮らしぶりなどが展示されていた。

私は中学校や高校で「現代の戦争」と題して、講演に呼ばれることがある。話が終わって生徒たちから「戦争は無くなると思いますか？」という質問を受けることがある。そんな時にこの奴隷貿易の話をする。

「約200年前まで奴隷貿易は合法でした。今、仮に同じことをすれば『傷害、監禁、人身売買』で重罪ですね、いくら儲かるからといって、奴隷貿易は許されないので、人々はこれを禁止することにしたのです。

同じように、わずか70年少し前まで、日本では女性に選挙権はありませんでした。女性は社会に出て働くよりも、家の中で家事労働をして夫や息子に従うべき存在。だから選挙権など与えなくてもよい。これがかつての『常識』でした。

今では男女同権、全ての成人に選挙権は当たり前です。この地球上で人々が生活する限り、大小の争いごとは起きます。『昔は争いを戦争で解決していたんやって、野蛮やねー』と、学校で習う時代がくると思います。だから私は『戦争は無くなる』と思っています」

そして時間が許せば最後にこう付け加えている。

「その時代がくるのが早いか遅いか。それは君たちの世代にかかっていると思います」

〈参考文献〉

・『日報隠蔽　南スーダンで自衛隊は何を見たのか』（布施祐仁&三浦英之著、集英社、２０１８年）
・自由なラジオ「伊藤先生　もう一度憲法を教えてください」（ゲスト／伊藤真弁護士）https://www.youtube.com/watch?v=Hd0OEgu4k4U
・『隣人が殺人者に変わる時―ルワンダ・ジェノサイド生存者たちの証言』（ジャン・ハッツフェルド著、かもがわ出版、２０１３年）
・『なぜ世界はルワンダを救えなかったのか　ＰＫＯ司令官の手記』（ロメオ・ダレール著、風行社、ジェノサイド　キガリ虐殺記念館編集、２０１２年）
・『アフリカ21世紀―内戦・越境・隔離の果てに』（ＮＨＫ「アフリカ」プロジェクト著、日本放送出版協会、２００２年）
・ラジオフォーラム「在特会ヘイトスピーチ安田浩一さんが語るその主張と背景」（ゲスト／安田浩一さん〈ジャーナリスト〉）https://www.youtube.com/watch?v=5ytQ50aGwWc&index=151&list=PLTDTvkH1E1nDjnaHNxxN36BZ_JYi32JTI&t=0s

【著者紹介】

●西谷文和（にしたに　ふみかず）

1960年京都市生まれ。大阪市立大学経済学部卒業後、吹田市役所勤務を経て、現在フリージャーナリスト、イラクの子どもを救う会代表。

2006年度「平和共同ジャーナリスト大賞」受賞。テレビ朝日「報道ステーション」、朝日放送「キャスト」、ラジオ関西「ばんばんのラジオでショー」日本テレビ「ニュースevery」などで戦争の悲惨さを伝えている。

主著に『「テロとの戦い」を疑え』（かもがわ出版、2017年）、『戦争のリアルと安保法制のウソ』（日本機関紙出版センター、2015年）、『後藤さんを救えなかったか』（第三書館、2015年）など。

戦争はウソから始まる

2018年9月1日　初版第1刷発行

著　者　西谷文和
発行者　坂手崇保
発行所　日本機関紙出版センター

〒553-0006　大阪市福島区吉野3-2-35
TEL 06-6465-1254　FAX 06-6465-1255
http://kikanshi-book.com/
hon@nike.eonet.ne.jp

編集　丸尾忠義
本文組版　Third
印刷製本　シナノパブリッシングプレス

ISBN978-4-88900-965-1